Umweltfreunde 4

Ein Sachbuch

für die Grundschule

Herausgegeben von

Inge Koch

Erarbeitet von

Silvia Ehrich

Inge Koch

Christine Köller

Rolf Leimbach

Gerhild Schenk

unter Mitarbeit der Redaktion

VOLK UND WISSEN

Umweltfreunde 4

Herausgegeben von
Inge Koch

Erarbeitet von
Silvia Ehrich, Inge Koch, Christine Köller, Rolf Leimbach, Gerhild Schenk
unter Mitarbeit der Redaktion

Unter Einbeziehung der Ausgabe von
Heike Dietrich, Hannes Hüttner, Inge Koch, Rolf Leimbach, Gerhild Schenk, Diana Voß

Redaktion: Christa Krauthakel, Britta Frosina, Barbara Bütow
Bildrecherche (Foto): Janin Hacker
Illustrationen: Uta Bettzieche (Detektiv und Hund, Kapitelvignetten, Piktogramme), Gabriele Heinisch (10/2, 11–12, 92/6, 93/3, 116), (Katharina Knebel (6, 7/1–3, 8, 9, 10/1, 14/1–6, 16, 18–19, 26, 30–31, 33, 36–38, 44/2, 46–47, 49, 50, 52–57, 58/1–6, 59, 79, 85, 92/1–2, 4–5, 93/1–2, 94, 101, 115), Christiane Mitzkus (15, 67/1–4, 123/1–3), Tanja Székessy (14/7), Karl-Heinz Wieland (20, 23/1–2, 24–25, 27–28, 42, 67/5, 69, 72, 76/1, 77, 81, 96–99, 104–107, 120–122), Hans Wunderlich (21, 22, 40–41, 43, 44/3–6, 60–63, 76/2, 78, 87–89, 108, 109/4, 110–112, 117, 124–125, 127/2–3) sowie Viola Beyer (23/3/5), Cornelsen Verlagsarchiv (7/4, 8/3, 10/3, 13, 23/6, 58/7–9, 109/1–2, 114/1, 126), Hajo Blank (109/3), Cleo-Petra Kurze 92/3), Sandra Menke (86), Adja Schwietring (83), Steffen Walentowitz (23/4, 118), Thomas Wellendorf (114/3), Catharina Westphal (114/1)
Umschlaggestaltung: tritopp, Berlin; Katharina Knebel (Illustration), Uta Bettzieche (Detektiv und Hund)
Lay-out und technische Umsetzung: tritopp, Uwe Becker, Berlin

www.vwv.de

1. Auflage, 3. Druck 2015

Druck: Firmengruppe APPL, aprinta Druck, Wemding

ISBN 978-3-06-082358-1

PEFC/04-32-0928

PEFC zertifiziert

Dieses Produkt stammt aus nachhaltig bewirtschafteten Wäldern und kontrollierten Quellen

www.pefc.de

Inhalt

In der Schule

Wie kann ich in der Schule mitentscheiden?
Wobei helfen Streitschlichter?
Wie unterscheidet sich die Schule früher von der Schule heute?

Schule früher und heute

Klassenraum um 1920 (Schulmuseum)

Schulklasse um 1950

In den Städten gab es damals Schulen nur für Mädchen und nur für Jungen. Auf dem Dorf lernten bis zu 70 Kinder, jüngere und ältere, gemeinsam in einem Raum. Meist unterrichtete ein Schulmeister alle Fächer. Die Kinder schrieben zuerst mit Griffeln auf Schiefertafeln, danach mit Tinte und Feder in Hefte. Sie lernten die Sütterlin-Schrift zu schreiben. Es war erlaubt, Kinder schon für kleine Vergehen mit dem Rohrstock zu bestrafen.

Jahre später lernten gleichaltrige Mädchen und Jungen gemeinsam in einer Klasse. Es gab mehrere Klassenräume, und es unterrichteten auch Fachlehrerinnen und Fachlehrer. Alle Kinder erlernten die lateinische Schulschrift. Anfangs schrieben sie auf Tafeln, später mit Federhaltern und Tinte oder Kolbenfüllhaltern in Schreibhefte. Kinder durften nicht mehr geschlagen werden. Mittags erhielten die meisten Kinder eine Schulspeisung.

1920 •••• 1925 •••• 1930 •••• 1935 •••• 1940 •••• 1945 •••• 1950 •••• 1955 •••• 1960 ••••

Aus der Schulordnung
Verhalten im Unterricht
- aufstehen, wenn der Lehrer ins Klassenzimmer kommt …
- Befehle genau ausführen, z. B. „Steh auf!“
- still und gerade sitzen
- nicht spielen und lachen

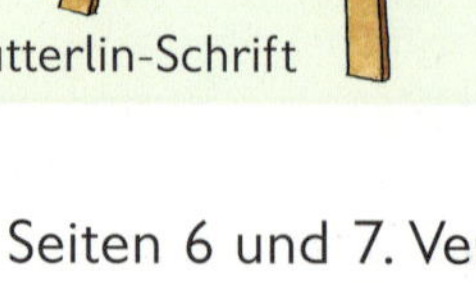

Sütterlin-Schrift

Unsere Schule liegt an der Dorfstraße. Im Schulraum gibt es 13 Tische, 13 Bänke und Tisch und Stuhl für die Lehrerin. Wenn schönes Wetter ist, haben wir Turnen.

Lateinische Schulschrift

Tintenfass mit Federhalter

1 Lest die Texte auf den Seiten 6 und 7. Vergleicht die Schule um 1920, 1950 und eure Schule. Notiert Stichpunkte: Gemeinsamkeiten | Unterschiede.

2 Erkundet die Geschichte eurer Schule (Chronik). Erstellt eine Zeitleiste.

Schulleben früher und heute vergleichen (Mitgestaltung, Regeln, Schulstrukturen, Lernbedingungen); Entwicklung von Schule mit Hilfe von Zeitleisten darstellen

AH S. 2, 3

S. 13

Heute lernen die Kinder mit modernen Medien.

Gespräch im Morgenkreis

Heute erlernen Mädchen und Jungen zuerst eine Druckschrift, dann Schreibschrift. Sie nutzen Computer, um sich zu informieren oder zu schreiben, und lernen in gut ausgestatteten Fachräumen. Kinder oder ihre Eltern kommen aus mehreren Ländern, sprechen auch andere Sprachen und kennen unterschiedliche Bräuche. Beim Lernen helfen sie einander und fühlen sich verantwortlich. Lehrerinnen und Lehrer beraten und begleiten alle Kinder.

Mit einer Zeitleiste arbeiten

- Betrachte die Zeitleiste:
  – Wie ist sie gestaltet?
  – Was kannst du ablesen?
- Ordne Texte und Bilder den Jahren zu.
- Erzähle dazu und entdecke:
  – Was hat sich verändert und wie?
  Schreibgeräte, Schriften …

965 •••• 1970 •••• 1975 •••• 1980 •••• 1985 •••• 1990 •••• 1995 •••• 2000 •••• 2005 •••• 2010

Schule

Schule

Eine neue Schulschrift, Ranzen, Kolbenfüller

Buntstifte, Patronenfüller, Faserstifte

Ranzen

3 Befragt eure Eltern nach ihrer Schulzeit und berichtet davon. Zeigt, wenn möglich, Bilder, Schreibgeräte, … Vergleicht eure Berichte.

★ Berichte von Schulbräuchen oder Schulfesten, die du kennst.

„Top-Schule“! – Aber wie?

Zu Beginn des Schuljahres klebt eine weiße Tapete an der Wand im Schulflur. Hat ein Maler in den Ferien hier Unfug getrieben? Hat er in eine falsche Richtung tapeziert? „Nein, nein“, erklärt die Schulleiterin lächelnd, „hier ist Platz, um in den ersten Schulwochen Ideen für unser Schulleben zu sammeln. Jeder kann dazu schreiben, malen oder etwas aufkleben.“
Sie schreibt eine Frage auf die Tapete.
Und so sieht die Wandzeitung nach zwei Schulwochen aus:

An der Gestaltung der Schulgemeinschaft in Bezug auf Konzepte, schulische Feste, Bräuche und Traditionen mitwirken; …

Reicht die Wandzeitung für die Vorschläge nicht aus, können bunt bemalte Kartons oder Körbe auf dem Schulflur stehen, als schöne Briefkästen für gute Ideen.

1 Sammelt auf der Klassenratssitzung Vorschläge zum Thema: Wie wird unsere Schule eine „Top-Schule“?

2 Besprecht ein Vorhaben, das ihr in diesem Schuljahr gemeinsam verwirklichen wollt.

Ein Vorhaben planen

- Was nehmen wir uns vor?
- Welche Teilziele stellen wir uns?
- Was ist zu tun?
- Wer macht mit?
- Wen bitten wir um Hilfe?
- Welches Material brauchen wir?
- Bis wann muss etwas fertig sein?

Im Schülerparlament tragen Kinder, Eltern, Lehrerinnen und Lehrer sowie Schulpartner Ideen, Wünsche und Anliegen vor, um die Schule mitzugestalten. Hier wird diskutiert und über alle Vorhaben demokratisch abgestimmt.

★ Stellt euer Vorhaben im Schülerparlament oder im Schülerrat vor.

Streitschlichter im Einsatz

Unter Kindern kommt es manchmal zum Streit. Meist fühlt man sich danach gar nicht gut und möchte sich am liebsten so schnell wie möglich wieder vertragen.

Was aber tun, wenn man Angst hat, auf den anderen zuzugehen? In diesem Fall hilft ein Streitschlichter.

Nach einem Streit

1. Die Streitschlichtung eröffnen
Die Streitenden und die Streitschlichterin treffen sich gemeinsam an einem Tisch und stellen einander vor. Es wird besprochen, welche Gesprächsregeln gelten und was erreicht werden soll. Alle müssen damit einverstanden sein.

5. Einen Vertrag abschließen
Sind alle mit dem Lösungsvorschlag einverstanden, wird dieser in einem Vertrag festgehalten. Den Vertrag unterschreiben alle Teilnehmer der Streitschlichtung. Am Ende wird ein neues Treffen vereinbart. Dort wird überprüft, ob alle die Vereinbarungen eingehalten haben.

Vertrag zwischen Matteo und Lea

Festlegungen
1. ______
2. ______

Sophie — Matteo — Lea
Streitschlichterin

Ort: ______ Datum: ______

An der Gestaltung der Klassengemeinschaft mitwirken; Formen der Gesprächsführung selbstständig anwenden; …

S. 16

1 Macht euch mit der Streitschlichtung vertraut. Arbeitet dann in Gruppen wie im Wegweiser.

Rollenspiel: Einen Streit schlichten

- Wählt einen Streit aus, der in eurer Klasse passiert ist.
- Spielt die Streitschlichtung:
  – Benennt Streitschlichter und Beteiligte.
  – Findet Gesprächsregeln.
  – Schreibt abschließend den Streitschlichtervertrag auf ein Blatt.

2. Die Probleme benennen
Die Streitschlichterin hört sich nacheinander die Probleme der Beteiligten an.
Wichtige Punkte werden notiert und anschließend noch einmal vorgetragen.
Die Streitschlichterin gibt keine Ratschläge.

3. Offene Fragen klären
Nun stellt die Streitschlichterin Fragen.
So finden alle heraus, warum es zum Streit kam und wie sich die „Streithähne“ jetzt fühlen.
Die Streitenden versuchen, sich in den anderen hineinzuversetzen.

4. Eine Problemlösung finden
Die beteiligten „Streithähne“ finden allmählich eine Lösung.
Ihre Lösungsvorschläge werden gemeinsam diskutiert.
Die Lösung muss erfüllbar sein.
Niemand darf benachteiligt werden.

… Rituale guten Benehmens einfordern und selbstständig praktizieren, Diskussionen führen

S. 16

Ich will mitentscheiden – das Schülerparlament

Im Schulalltag habt ihr Pflichten, aber auch das Recht auf Mitsprache. Ihr könnt zum Beispiel eure Rechte im Schülerparlament vertreten. Wie es sich aufbaut und welche Aufgaben es hat, legt ihr in eurer Schule fest.

Schülerparlament/Schülerrat

Abgeordnete
Ihr wählt in den Klassen eure Klassensprecher, sie sind eure Abgeordneten. Die Abgeordneten aller Klassen bilden das Schülerparlament. Dort vertreten sie eure Rechte.

Präsident
Die Abgeordneten wählen aus ihrer Mitte für ein Jahr eine Präsidentin oder einen Präsidenten. Sie/Er leitet die Beratungen des Parlaments und trägt eure Anliegen den Eltern und den Lehrkräften vor.

Begleitung
Alle Kinder der Schule wählen eine Lehrerin oder einen Lehrer des Vertrauens. Sie oder er betreut euer Schülerparlament. Ihr könnt in einer „geheimen Wahl“ mit Zetteln abstimmen.

Aufgaben:
- sich an allen Entscheidungen beteiligen, die die Schule betreffen
- sich regelmäßig treffen; alles besprechen, was die Klassen und ihre Abgeordneten als wichtig für die Schule ansehen
- Schulprojekte entwickeln und durchführen …

1 Um solche Aufgaben kann sich das Schülerparlament kümmern. Welche Aufgaben könntet ihr euch für eure Schule vorstellen?

Seinen Anteil an der Gestaltung des Schullebens einbringen, Verantwortung übernehmen in Bezug auf Schülervertretungen und schulisches Zusammenleben

S. 2

Das Schülerparlament legt fest, wie oft es sich trifft –
jede Woche oder einmal im Monat.
Die Ergebnisse der Beratung werden protokolliert.

Protokoll der 1. Schülerparlamentssitzung

Anwesende (Klasse): Lea, Moritz (1), Franz, Kilian (2) Olivia,
Tom: Schriftführer (3), Friederike, Leoni (4),
Leitung: Vertrauenslehrerin Frau Müller

Tagesordnungspunkte (*TOP*), Ergebnisse:

TOP 1 Präsidentenwahl für unser Schülerparlament:
- Frau Müller leitete die Wahl, jeder hatte 2 Stimmen.
- Gewählt wurden Kinder der Klassen 3 und 4.
- Friederike ist für dieses Schuljahr Präsidentin unseres Schülerparlaments.

Wahlergebnis:

Name	*Stimmen*
Olivia	4
Tom	3
Friederike	7
Leoni	2

TOP 2 Streitschlichterausbildung:
- 6 Schüler der Kl. 3 beginnen die Ausbildung, Frau Müller begleitet sie.
- Die Schulleitung kauft Westen für Streitschlichter.

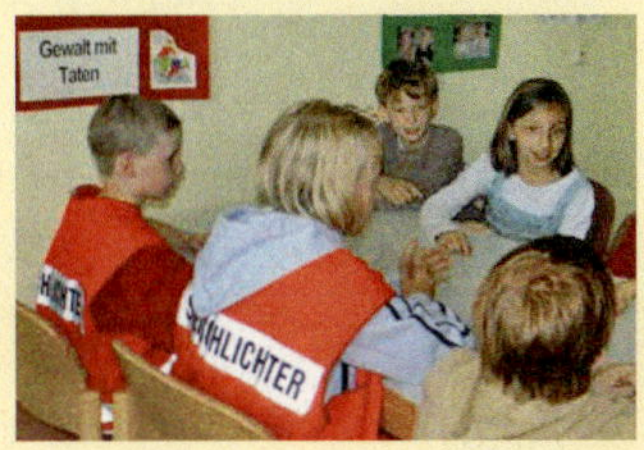

TOP 3 Vorbereitung „Tag der offenen Tür“
- Alle Klassen gestalten im November wieder den „Tag der offenen Tür“ mit.
- Vorschläge: Basteln, Führungen, Singen, Waffeln backen, Ballspiele, Gedichte, Kuchenbasar, Ausmalstation, Imbiss-Stand …
- Festlegungen:
  Kl. 1 gestaltet ein Kulturprogramm.
  Kl. 2 betreut eine Experimentierstation.
  Kl. 3 bereitet einen Kuchenbasar vor.
  Kl. 4 bietet halbstündlich Führungen an.
- Alle Klassen stellen Schülerarbeiten aus.

Ort, Datum: *Neuhaus, den 18. 09. 2012*
Schriftführer: *Olivia, Tom*

2 Lies das Protokoll. Worüber diskutiert dieses Schülerparlament?

3 Diskutiert und notiert:
Wie kann ein Schülerparlament an eurer Schule dazu beitragen, eine Schulveranstaltung vorzubereiten?

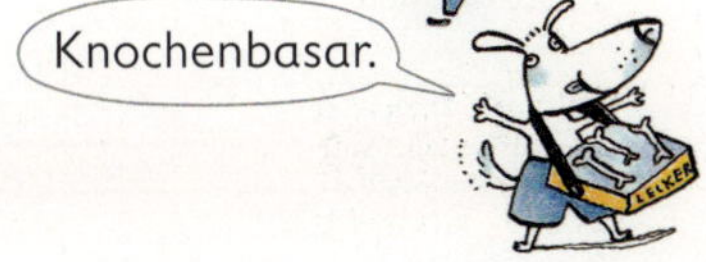

Schule nach Klasse 4 – was will ich, was erwartet mich?

Ich möchte aufs Gymnasium, weil mein Freund dahin geht.

Ich möchte aufs Gymnasium, weil es später leichter ist, Arbeit zu bekommen.

Ich gehe zur Regelschule. Ich will gern Bäckerin werden.

Ich bin in einer Gemeinschaftsschule. Da kann ich bis zum Abitur an derselben Schule bleiben.

Ich will in die Gesamtschule und dort das Abitur machen.

Ich kann gut schwimmen und will aufs Sportgymnasium.

1 Die Kinder nennen Gründe für die Wahl ihrer Schule. Bewertet die Gründe und diskutiert darüber.

★ Schreibe auf, was du über die neue Schule und neue Schulfächer wissen möchtest.

Eine gute Wahl treffen

- Informiere dich ausführlich über die Schularten nach Klasse 4:
  – Befrage Eltern, Lehrerinnen, Lehrer, ältere Schülerinnen und Schüler.
  – Lies in Zeitungen und im Internet nach.
- Notiere, in welche Schule du wechseln möchtest.
- Lege eine Tabelle an:
  – Was spricht für deine Wahl, was dagegen?

Regelschule		Gymnasium	
dafür	dagegen	dafür	dagegen

- Begründe deine Wahl.

AH S.4
S.2

2 Erkläre die Übersicht. Vergleiche die Schularten nach der Grundschule.

3 Erkundet, wann ein Schulwechsel zwischen den Schularten möglich ist.

4 Lies den Stundenplan einer 5. Klasse. Vergleiche ihn mit deinem Stundenplan.

Mein Stundenplan

	Montag	Dienstag	Mittwoch	Donnerstag	Freitag
1	Fö Deutsch	Mathematik	Englisch	Englisch	Englisch
2	Geschichte	Deutsch	Mathematik	Französisch	Deutsch
3	Sport	Musik	Deutsch	Deutsch	Sport
4	Sport	Englisch	Geografie	Relig. / Ethik	Mathematik
5	Geografie	Deutsch	Biologie	Mathematik	Werken
6	Biologie	Religion / Ethik	Musik	Kunsterziehung	Werken
7	Mathematik				

Förderunterricht Deutsch Fö Deutsch   Religionslehre Relig.

★ Notiere deine Interessen und Stärken.
Erstelle eine Hitliste: Angebote, die meine zukünftige Schule haben sollte.

★ Befragt Kinder in der 5. Klasse nach Tipps für euren Start in die Regelschule, die Gesamtschule oder in das Gymnasium. Veröffentlicht die Tipps im Klassenraum.

Wir diskutieren

Eine Diskussion ist ein Meinungsaustausch zu einem Thema: in einer Talk-Show, in einem Podium oder auch in einer Debatte im Bundestag. Die Beteiligten sagen ihre Meinung und begründen sie möglichst gut.
Sie wollen andere davon überzeugen oder sie bewegen, die eigene Meinung zu überdenken oder zu ändern.
Wer im Fernsehen an einer „Talk-Show“ (Schau) teilnimmt, weiß: die Zuschauer wollen unterhalten werden.
Ihr könnt eine Talk-Show zu einem Thema veranstalten: Eine Gruppe bereitet die Diskussion vor, alle anderen in der Klasse sind Zuschauer. Eine Moderatorin oder ein Moderator lenkt das Gespräch der Gruppe.
Jeder legt darin seine Sicht zum Thema dar.

Talk-Show

Podiumsdiskussion

Debatte

So hat sich Emma vorbereitet.

Handy in der Schultasche?	
dafür	dagegen
günstig, man kann jeden anrufen, der ein Handy hat	Eltern können kontrollieren, was wir machen
gut für Notsituationen	
man ist immer erreichbar, wenn ein Funknetz da ist	vielleicht wird man wegen der Strahlung krank
Handy muss man haben, sonst wird man ausgegrenzt	manche geben mit neusten Modellen an, Neid entsteht
Prepaid-Karte schränkt Geldausgaben ein	kostet viel Geld
gute Unterhaltung bei Langeweile	Handys als Spielzeug lenken vom Unterricht ab
für Freunde immer erreichbar	kaum persönliche Gespräche, alles wird am Telefon beredet

Eine Diskussion vorbereiten

- Informationen zum Thema sammeln und ordnen als: Mindmap, Info-Cluster, Tabelle, Fragensammlung: Wer?, Was?, Wo?, Wie?, Warum? …
- Eigene Gedanken zum Thema ordnen:
  – Ich meine …
  – Ich begründe …
  – Ich empfehle …

1 Nutzt Emmas Informationssammlung für eine Talk-Show zum Thema.
Stellt vorher Diskussionsregeln auf.
Begründet in der Diskussion eure Meinungen.

2 Informiert euch über den Ablauf einer Podiumsdiskussion.
Führt eine solche Diskussion zu einem Sachthema.

Unterschiedliche Kommunikationsformen kennen;
Formen der Gesprächsführung selbständig anwenden: Diskussion

Im Herbst

Was ist im herbstlichen Wald zu beobachten?
Welche Pflanzen und Tiere leben im Wald?
Wo bleibt das Herbstlaub der Rotbuche?

Exkursion in den Herbstwald

Auf einer Exkursion in den Lebensraum Wald könnt ihr erforschen, wie hier zahlreiche Pflanzen und Tiere zusammenleben und wie gut sie an das Leben im Wald angepasst sind.
Notiert vor eurer Exkursion für jede Gruppe genaue Forscheraufträge.
Legt das Arbeitsmaterial bereit. Besprecht auch den Wege- und Zeitplan.

Überall im Wald riecht es anders: nach Erde, Rinde, Fichtennadeln, Laubblättern, nach dem Harz der Bäume, nach Moos, Waldfrüchten …
Ihr könnt Material sammeln und ein Geruchsmemory anlegen.
Wer riecht was mit verbundenen Augen?

Entdeckungen

Was entdeckt ihr unter raschelndem Laub?
Hier liegen Eicheln versteckt.
Wenn Rehe, Wildschweine, Eichelhäher und andere Tiere sie nicht fressen, können sie im nächsten Frühjahr keimen und wachsen.

Wenn ihr mit den Händen die Rinde der Bäume berührt, dann merkt ihr: Jeder Baum hat eine andere Rinde.
Die Rinde ist wie der Fingerabdruck des Menschen.
Keine gleicht der anderen.
Das seht ihr auch, wenn ihr mit Papier und Kreide Rindenabdrücke macht.

Bedeutung und Nutzen des Waldes für Pflanzen und Tiere sowie Beziehungen zwischen den Lebewesen im Lebensraum Wald beschreiben …

S. 14, S. 15

im Wald

Auch wenn ihr den Vogel nicht seht, sein „Trommeln“ schallt durch den Wald. Andere Buntspechte wissen dann: Dieses Revier ist besetzt. In der Balzzeit ab Dezember trommeln Männchen besonders viel, um Weibchen anzulocken. Und die Weibchen trommeln, um im Revier eines Männchens auf sich aufmerksam zu machen.

Große und kleine Tiere, wie Hirsch und Schnecke, fressen gern Birkenpilze. Die Pilze leben in Gemeinschaft mit Birken. Das Pilzgeflecht umspinnt die feinen Baumwurzeln. Dadurch kann der Baum Wasser und Nährstoffe besser aufnehmen. Pilze nehmen sich vom Baum lebenswichtige Aufbaustoffe.

Dies ist mehr als totes Holz. In und von Baumresten leben Ameisen, Wespen, Bienen, Schmetterlinge, Vögel, Kröten, Eidechsen, Schlangen und kleine Säugetiere. Pilze, Flechten und Moose, die sich auf dem Totholz ansiedeln, sind für viele Tiere Leckerbissen.

Am Waldrand wachsen Holundersträucher. Die Früchte stimmen auf den Herbst ein. Ihr könnt die Früchte verarbeiten und natürlich auch naschen: Holundersaft, Holundermarmelade, Hollerkoch, das ist Holundermus. Auch für viele Tiere sind die Früchte Leckerbissen.

S. 14, S. 15

Leben im Waldboden

Ihr könnt auf einer Waldexkursion oder im Schulgarten Laubstreu und Boden untersuchen.

Laubstreu untersuchen

- Hebe die übereinander liegenden Blätter der Laubstreu und etwas Boden vorsichtig an. Breite sie nebeneinander auf Packpapier aus.
- Suche kleine Lebewesen. Beobachte einige dieser Lebewesen kurze Zeit mit einer Becherlupe.

- Zeichne und schreibe, was du beobachtet hast.

Wo bleibt das Herbstlaub einer Buche?
Von einer 100-jährigen Buche fallen im Herbst etwa 200 000 Blätter ab. In 10 Jahren wären das …
Warum erstickt der Baum nicht im „Blättermüll“?
Im Boden leben winzige Lebewesen.
Sie ernähren sich von den alten Blättern.
Sie zernagen, zersetzen und verdauen sie. So entsteht Humus, das ist nährstoffreiche Erde. Dieser Erde entnimmt der Baum dann die Nährstoffe, um im Frühjahr zu wachsen und neue Blätter zu bilden.

Wie lange dauert die Humusbildung?
Bis aus einem Buchenblatt Erde geworden ist, vergehen etwa 2–3 Jahre. So liegt das Laub im Winter wie eine wärmende Decke über den Samen und den Bodenbewohnern. Im Frühling staut sich die Wärme, die Samen können auskeimen.
Bevor aber ein abgestorbener Buchenstamm zu Humus geworden ist, vergehen fast 30 Jahre.

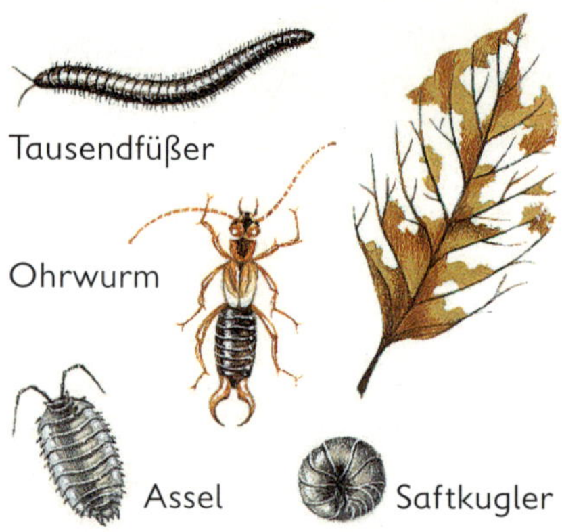

Stäbchenbakterium
sehr stark vergrößert, gefärbt

Beziehungen zwischen Lebewesen im Lebensraum Wald beschreiben; Erkundungen im Lebensraum durchführen und dokumentieren

S. 6, S. 16

Pflanzen des Waldes

Die häufigsten Baumarten in Thüringens Wäldern sind Fichten und Kiefern. Häufige Laubbäume sind Buchen, Eichen und Birken. Außer Bäumen wachsen im Wald weitere Pflanzen, im Nadelwald andere als im Laubwald.

Schlafmoos

Weil Nadelbäume das ganze Jahr über Nadeln tragen und dadurch den Boden beschatten, wachsen im Nadelwald vor allem Schattenpflanzen: Sauerklee, Frauenfarn oder auch Schlafmoos. Das Moos nutzten früher arme Leute als weiche, wärmende Schlafunterlage.

Drahtschmiele

Bevor Buchen ihre Laubblätter austreiben, breiten sich am Boden auch Licht liebende Pflanzen aus. Lichtpflanzen sind zum Beispiel Buschwindröschen und Leberblümchen. Unter dem Schattendach der Bäume wachsen Gräser, wie Hain-Simse und Drahtschmiele.

Schattenpflanzen

Sauerklee

Frauenfarn

Lichtpflanzen

Leberblümchen

Buschwindröschen

1 Sammelt einige Pflanzen des Waldes. Findet mit Hilfe von Bestimmungsbüchern die Namen der Pflanzen heraus.

Tiere des Waldes

Das Reh ist in Thüringen in Mischwäldern mit nahe gelegenen Wiesen und Feldern zu beobachten.
Die Tiere finden dort Nahrung, wie Blätter, Knospen und junge Triebe, an Bäumen und Sträuchern. Sie fressen auch Früchte, wie Eicheln oder Bucheckern, und Getreide. Bei Gefahr flüchten Rehe in weiten Sätzen fort, um sich in der Deckung des Waldes zu verstecken.
Die Ricke bringt im Mai/Juni ein bis zwei Kitze zur Welt. Durch ihr getüpfeltes Fell sind die Kitze an ihren Liegeplätzen im hohen Gras gut getarnt.

Die Haubenmeise ist ein Höhlenbrüter.
Die Vögel meißeln ihre Bruthöhlen in alte, absterbende Kiefern oder vermoderte Baumstrünke hinein und polstern sie mit Moos, Flechten, Tierhaaren und Spinnweben aus.
Die Weibchen brüten in diesem Nest fünf bis acht Eier aus. Im Geäst der Bäume findet das Meisenpaar für sich und seine Jungen reichlich Nahrung: winzige Insekten, Spinnen, andere Kleintiere. Im Winter fressen die Haubenmeisen kleine Samen der Waldpflanzen.

Der Kiefernspanner ist ein Schmetterling, der als Futterpflanze Kiefern braucht.
Die Falter fliegen von Mai bis Juli.
Sie sind an Bäumen kaum zu entdecken, denn mit ihrer Färbung sind sie gut an die Rinde der Bäume angepasst.
Die Weibchen legen ihre Eier an alten Nadeln in der Krone von Kiefern ab. Die schlüpfenden Raupen fressen diese Kiefernnadeln an.
Angefressene Nadeln fallen im Winter ab.
Oft treten die Raupen massenhaft auf und schädigen dadurch ganze Kiefernwälder.

★ Gestaltet Poster zu Tieren des Waldes. Nutzt auch das Internet.

Bedeutung und Nutzen des Waldes für Tiere sowie ausgewählte Anpassungserscheinungen an den Lebensraum beschreiben; zur Information Medien nutzen

AH S. 6, 7

S. 12

Ist das ein Keiler oder eine Bache?

Name: Wildschwein, Männchen: Keiler, Weibchen: Bache, Jungtier: Frischling
Aussehen: massiger Körper, kurze Beine, lang gestreckter Kopf mit kleinen Augen, großen aufrechten Ohren und rüsselförmiger Schnauze;
Keiler mit kräftigen Zähnen, besonders große, nach oben gebogene Eckzähne;
Bachen mit kleineren Eckzähnen;
borstiges Fell: im Sommer schwarzbraun, im Winter tiefschwarz;
Jungtiere (Frischlinge) mit gelbbraunen Längsstreifen
Größe: 60–115 cm hoch, 110–180 cm lang
Masse: 50–350 kg
Lebensraum: Laub- und Mischwälder, die an Felder grenzen; auch sumpfige Gebiete und Stadtränder;
Die Tiere suhlen sich gern im Schlamm. Während des Tages sind sie häufig im schützenden Dickicht.
Nahrung: Allesfresser, sie fressen …

Material:
- Ordner
- Plastikhüllen
- unliniertes Papier (auch farbig)
- Klebstoff
- Stifte, Lineal, Schere

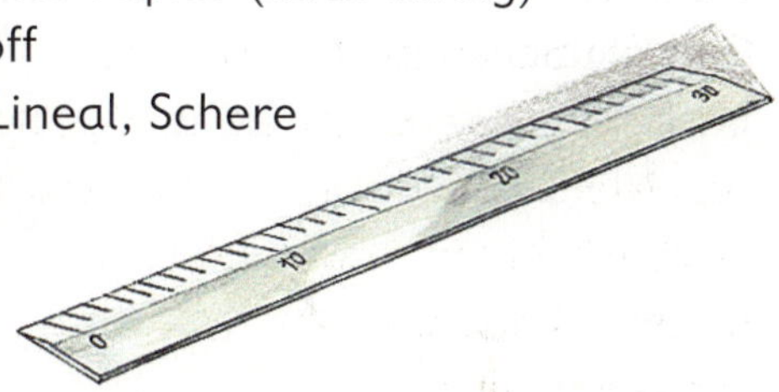

Tier-Steckbriefe gestalten

- Plant, zu welchen Tieren ihr Steckbriefe anfertigen wollt.
- Informiert euch über die Tiere. Wenn möglich, beobachtet sie.
- Notiert Signalwörter für die Texte (Name, Aussehen …).
- Sucht passende Bilder und schreibt Texte.
- Sammelt alles in einem Ordner.

1 Informiere dich über ein Tier des Waldes. Nutze auch das Internet. Schreibe einen Steckbrief.

Der Wald als Lebensraum

Stockwerke im Mischwald

A **Baumschicht:** hohe und mittelhohe Bäume, etwa 2–40 m hoch

B **Strauchschicht:** junge Bäume und Sträucher, etwa 5 m hoch

C **Krautschicht:** Farne, Gräser und blühende Kräuter; unterschiedlich hoch, bis etwa 1 m

D **Moosschicht:** Moose, Flechten, Pilze, bis etwa 20 cm hoch

E **Bodenschicht:** Wurzeln der Waldpflanzen, Pilzgeflechte

1 Rotbuche
2 Kiefer
3 Eberesche
4 Gemeine Haselnuss
5 Holunder
6 Efeu
7 Wurmfarn
8 Wald-Sauerklee
9 Steinpilz
10 Waldmeister
11 Katharinenmoos
12 Gewöhnliches Sternmoos
13 Habicht
14 Tagpfauenauge
15 Waldameise
16 Springschwanz

1 Welche Tiere leben in den Stockwerken des Waldes?

★ Tiere des Waldes fressen Pflanzen, aber auch andere Tiere. Alle zusammen bilden ein Nahrungsnetz. Erkläre: Wer frisst was?

Beziehungen zwischen den Lebewesen im Lebensraum Wald beschreiben; Bedeutung und Nutzen des Waldes für Pflanzen und Tiere beschreiben

AH S. 6, 8

S. 8, S. 9

Im Wald wachsen Bäume, Sträucher, Kräuter, Farne, Pilze, Moose und Flechten. Deshalb sind Wälder für zahlreiche Tierarten ideale Lebensräume.
In den Wipfeln der Bäume nisten viele Vögel und ziehen dort ihre Jungen auf. Auch Eichhörnchen bauen hoch oben ihre Kobel.
Unter der Rinde der Bäume leben viele Insekten.
In Sträuchern hängen die Netze von Spinnen, die dort auf Beute lauern.
In den Blüten der Kräuter finden Insekten Nektar. Ihre Blätter sind Nahrung für Raupen. Liegende Stämme und moderndes Holz bieten Eidechsen, Kröten, Blindschleichen und Ringelnattern sonnige Plätze.
Im Waldboden leben viele kleine und winzige Tiere.
Alle Tiere finden ausreichend Nahrung für sich und ihren Nachwuchs.

Beziehungen zwischen den Lebewesen im Lebensraum Wald beschreiben;
Bedeutung und Nutzen des Waldes für Pflanzen und Tiere beschreiben

AH S. 6, 8

S. 8, S. 9

Den Wald nutzen und bewahren

Wälder sind Erholungsorte.
Im Wald ist es still, nur die Vögel zwitschern. Die Luft ist frisch und kühl. Die Bäume spenden Schatten und liefern viel Sauerstoff. Nahe Fabriken und Städte entschwinden unseren Blicken, der Wald dämmt ihren Lärm. Im Wald können wir wandern, joggen, Rad fahren und reiten.

Wälder liefern wertvollen Rohstoff.
In Wäldern wächst ein wichtiger Rohstoff – Holz. Aber Holz wächst langsam. Ehe ein Baum groß und mächtig ist und geerntet werden kann, vergehen Jahrzehnte.

Buche	130–160 Jahre	**Fichte**	80–100 Jahre
Eiche	100–150 Jahre	**Kiefer**	80 Jahre

Die heutigen Wälder haben unsere Ur-Urgroßeltern gepflanzt. Und bereits heute planen Forstwirte für die Zukunft. Wie viel Holz darf eingeschlagen werden? Wie viel Wald müssen wir neu anlegen, damit der Wald auch unseren Enkeln erhalten bleibt?

Fahrzeug für den Abtransport

Bedeutung und Nutzen des Waldes für die Menschen beschreiben; Maßnahmen zum Naturschutz begründen; Erkundungsaufträge erfüllen

S. 12

Wälder sind Lebensräume für Tiere und Pflanzen.

In unseren Wäldern gibt es mehr als 7000 Tierarten und etwa 1200 verschiedene Arten von Bäumen, Sträuchern und Kräutern, dazu viele Pilzarten. Alle sind voneinander abhängig und brauchen Licht, bestimmte Temperaturen, Wasser und Nährstoffe. Starke Luftverschmutzung lässt Wälder absterben.

Sie alle lieben das Sonnendach: der Wald-Sauerklee, der Efeu, die Waldeidechse, der Eichelhäher.

Wälder liefern uns Nahrungsmittel.

Schon vor langer Zeit sammelten die Menschen in Wäldern Beeren und Pilze. Sie jagten Wild, um sich mit Fleisch sowie Fellen für ihre Kleidung zu versorgen. Auch heute sammeln viele Menschen gern Beeren und Pilze. Jäger dürfen heute Tiere nicht jagen, wenn sie Junge bekommen und aufziehen. Wildhege, auch Füttern oder Abschuss, soll Schäden durch Wildtiere verringern und den Wildbestand gesund halten. Die Vielfalt der Tierarten soll erhalten bleiben.

Wälder schützen vor Lärm.

Waldbäume fangen Schall ab. Schon ein Streifen Wald von 100 m Breite dämmt Lärm wie eine Lärmschutzwand an viel befahrenen Straßen.

Wälder bieten Sichtschutz.

Kronen und Stämme der dicht stehenden Bäume, aber auch die Sträucher und Kräuter in den unteren Stockwerken des Waldes verdecken den Blick auf Straßen oder Siedlungen. So erhalten sie das Landschaftsbild. Das Farbenspiel eines Waldes lockt, den Wald mit allen Sinnen zu erleben.

Wälder schützen die Erde vor starker Erwärmung.

Beim Verbrennen von Kohle, Torf, Erdgas und Erdöl entsteht das Gas Kohlendioxid. Zu viel Kohlendioxid in der Luft erhöht die Temperaturen auf der Erde, mit schweren Folgen: Überschwemmungen, Orkane, Dürren … Bäume nehmen Kohlendioxid aus der Luft auf und bauen daraus ihre lebenswichtigen Stoffe auf. Sie geben dafür Sauerstoff ab, den Menschen und Tiere zum Leben brauchen.

1 Erkunde, wie ein Wald in deiner Nähe genutzt wird. Schreibe, fotografiere und zeichne dazu.

2 Beratet, wie der Wald geschützt werden kann.

S. 12

Dem Fuchs auf der Spur mit Buch und CD-ROM

Wusstest du, dass der Rotfuchs ein Wildhund ist?
Du solltest seine Lebensweise kennen, denn er ist oft auch in Dörfern und Städten unterwegs, um dort nach Nahrung zu suchen.
Informationen findest du in Lexika, Sachbüchern und auf CD-ROMs zum Lernen. Auf solchen CD-ROMs sind Texte mit Bildern, Animationen (Trickfilmtechniken) und Ton verbunden. Du wählst dir selbst Texte aus, rufst sie auf, liest sie und vertiefst dein Wissen.
Dazu betrachtest du Bilder und kurze Animationen, löst Aufgaben und Rätsel, testest dich bei Wissensspielen und kontrollierst die Lösungen auch selbst.
Und während du alles sorgfältig auswertest, fallen dir bestimmt viele neue Fragen zum Rotfuchs ein.

1 Schreibe deine Fragen zum Rotfuchs auf. Forsche auch in elektronischen Nachschlagewerken nach Antworten. Ergänze deine Fragen.

Miteinander leben

Wie lebten und arbeiteten Menschen vor 100 Jahren?
Wie leben Menschen in unserem Land zusammen?
Welche Rechte haben Kinder?

Wie Menschen vor 100 Jahren lebten

Maries Opa Paul erzählt: Die Familie meiner Großeltern Heinrich und Minna lebte in einem Mietshaus mit Vorderhaus, Hinterhaus und Seitenflügel. Heinrich arbeitete tagsüber in einer Fabrik, Minna führte den Haushalt.
In der kleinen Wohnung im 4. Stock spielte sich das Familienleben in der Wohnküche ab. Minna kochte auf einem Kohleherd, oft gab es Suppe. Die Kinder Herbert, Lisbeth und Käthe spielten ab und zu im Innenhof, aber nur sehr leise. In der Woche besuchten sie eine Volksschule.
Sonntags fuhr die Familie manchmal mit dem Pferde-Omnibus ins Grüne. Neue Straßen wurden jetzt breiter gebaut und abends mit Gaslaternen beleuchtet.
Man sah Kutschen, aber auch immer mehr Autos und Omnibusse, in großen Städten auch Straßenbahnen.
In Häusern reicher Bürger gab es oft schon fließendes Wasser, elektrisches Licht und sogar erste Fahrstühle.

Quellen erforschen

- Suche alte Sachen: Fotos, Kleidung, Werkzeug, Schmuck …
- Befrage deine Familie:
  – Wem gehörten die Sachen? Gibt es eine Geschichte dazu?
- Vergleiche alte und neue Sachen: Bügeleisen …
- Notiere deine Ergebnisse.

Marie sammelt Fotos zum Leben ihrer Familie:

Bürgerhäuser

Hier sah Uroma Lisbeth schon Märchenfilme.

Die Wohnküche

*Das Foto war ein Geburtstagsgeschenk für meinen Ururopa Heinrich.
Auf dem Foto sieht man meine Ururoma Minna mit ihren Kindern Käthe, Herbert und Lisbeth. Das Baby ist meine Uroma Lisbeth, die Mama von Opa Paul.
Alle haben ihre Sonntagskleider an.*

1 Erzähle von Maries Familie. Nutze dafür die Zeitleiste.

2 Finde heraus, wie deine Urgroßeltern als Kinder lebten: ihre Namen, ihre Geschwister, ihr Essen, ihre Spiele …

Wie wir heute leben

Marie erzählt: Meine Familie wohnt in einem Hochhaus, im 4. Stock. Die Wohnung hat drei Räume, einen Balkon, Bad und Küche. Das Haus hat einen Fahrstuhl, aber Papa und ich laufen gern um die Wette nach oben. In meinem Zimmer kann ich spielen, lernen und schlafen. Ich habe viele Bücher und lese gern. Später will ich Lehrerin werden. Mein Lieblingsbuch ist von meiner Uroma Lisbeth. Es war ihr einziges. Mein Papa arbeitet zu Hause am Computer. Weil Mutti oft spät von der Arbeit kommt, macht er uns Abendbrot. Wir essen am liebsten Gemüsesalat. Manchmal brate ich auch Rührei mit Zwiebeln, davon schwärmt Mama.

Für unsere Stadt wird jetzt eine neue Umgehungsstraße gebaut, weil der Straßenverkehr so zugenommen hat. Aber das Freibad wurde geschlossen. Die Stadt hat kein Geld dafür. Dabei schwimme ich so gern. Mein Freund heißt Tom. Wir gehen oft zusammen auf den Spielplatz, da sind so tolle Spielgeräte. Aber manche machen aus dem Spielplatz einen Müllplatz. Darüber ärgern wir uns.

Meine Freundin Luise und ich sind Mode-Fans. Ich ziehe gern enge Hosen an und Luise trägt am liebsten kurze Röcke. Mama sagt, kurze Röcke hätte meine Ururoma nie getragen. Aber sie selbst schon.

Unser Hochhaus vor 8 Jahren

Viele Kinos in unserem Kino

Hier spielen wir

1 Vergleiche das Leben früher und heute.

Die Buchdruckerei früher

Buchdruckerei vor über 450 Jahren

Setzerei und Druckpresse (1925)

Im Mittelalter schrieb man Bücher noch mit der Hand. Wer ein handgeschriebenes Buch haben wollte, ließ es abschreiben, meist in Klöstern. Auch im Kloster Pößneck schrieben Mönche Bücher mit der Hand auf Pergamentpapier ab. Für ein Buch brauchten sie je nach Umfang bis zu drei Jahren. Ein handgeschriebenes Buch war sehr kostbar, nur reiche Leute konnten es kaufen. Bücher aus dem Kloster Pößneck werden heute in der Forschungsbibliothek in Gotha aufbewahrt.

180 Exemplare der Bibel wurden von Gutenberg und seinen 20 Mitarbeitern in zwei Jahren gedruckt, verziert und in Leder gebunden. Weltweit gibt es heute noch 49 Exemplare.

1450 wurde der Buchdruck erfunden. Johannes Gutenberg aus Mainz entwickelte dafür Drucklettern aus Blei, jede Letter ein „Stempel" mit einem Buchstaben. Man setzte sie in Setzkästen zu Wörtern, Zeilen und Seiten zusammen. Dann färbte man die Lettern ein und legte feuchtes Papier auf. Mit Hilfe der Presse erhielt man einen guten Abzug. Jetzt konnte sich Wissen viel schneller verbreiten.

Jahrhundertelang wurden Bücher und Zeitschriften mit Metall-Lettern gedruckt, die Drucktechnik aber wurde mechanisiert. Carl Gustav Vogel gründete 1891 in Pößneck einen Zeitschriften-Verlag und eine Druckerei. Der Verlag wurde rasch führend in Europa. Die Zeitschriften informierten 2 Millionen Leser über die weltweite Entwicklung der Industrie dieser Zeit. Im Vogel-Verlag stand 1928 die größte Druckmaschine Europas. 1946 wurde die Druckerei neu gegründet und hieß nun „Karl-Marx-Werk Pößneck". Bis 1989 druckte man hier Schulbücher für eure Urgroßeltern, Großeltern und Eltern.

S. 13

Die Buchdruckerei heute

Moderne Druckerei

Mediengestalter

Die Druckplatte wird belichtet.

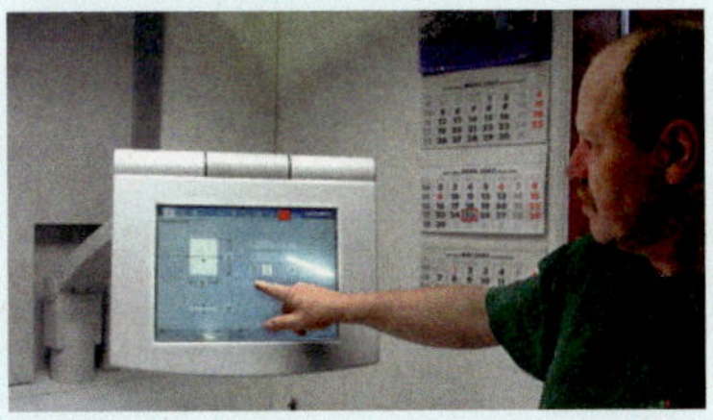
Steueranlage

Offsetdruckmaschine

Kontrolle

Heute werden Bücher und Zeitschriften in fast jedem Haushalt gelesen. Die Pößnecker Druckerei mit über 1 000 Mitarbeitern ist heute eine der größten Europas. Täglich starten über 800 000 Bücher und Broschüren aus Pößneck in Thüringen in die Welt. Nebeneinander gestellt wäre das eine 18 km lange Reihe. Dafür verbraucht man im Jahr 105 000 Tonnen Papier. Auch Kataloge, Zeitschriften, Werbemittel für Betriebe und Werbeagenturen, Telefonbücher, Terminkalender und Prospekte werden gedruckt.

Viele Verlage im In- und Ausland sind Partner der Druckerei in Pößneck. Hier wurden Ausgaben der Harry-Potter-Reihe gedruckt: in deutscher Sprache und der Band 7 in Englisch. Als Dienstleister berät die Firma Kunden: zu Größe, Papiersorte und Umschlag von Büchern, zu Preisen, Materialkosten, Terminen. Kunden können Druck und Bindung auswählen: farbig oder schwarz/weiß, geklebt, geklammert oder geheftet. Für den Druck liefern die Kunden nur noch eine Computerdatei.

In Pößneck nutzt man heute meist Offsetdruckverfahren. Für einen Buchdruck erstellt ein Mediengestalter, ein moderner „Setzer“, Seiten (Druckbilder) am Computer. Diese werden auf eine Druckplatte übertragen. Die per Computer gesteuerte Offsetdruckmaschine überträgt die Druckbilder von der Druckplatte auf ein Gummituch. Ein Druckzylinder presst das Gummituch auf Papier, wo nun das Druckbild erscheint. Danach werden die Seiten beschnitten und gebunden. Zum Schluss kontrolliert der Drucker das fertige Buch.

1 Vergleicht die Herstellung von Büchern früher und heute. Beachtet die Zeit, die Technik, die Anzahl und Vielfalt der Produkte sowie die Leser von Büchern.

Wie wir im Land zusammenleben

Im Bundesland Thüringen und in Deutschland leben viele Menschen zusammen. Sie brauchen dafür, wie in der Schule, festgelegte Regeln. In Ländern und Staaten sind das Gesetze und Verordnungen. Wer aber legt Gesetze fest? Millionen Einwohner können sich nicht treffen, um Gesetze zu diskutieren und zu beschließen. Deshalb gibt es Abgeordnete.

In Thüringen wählen Bürgerinnen und Bürger in demokratischer Wahl 88 Abgeordnete des Landtages für fünf Jahre. Die Abgeordneten wählen den Ministerpräsidenten Thüringens und kontrollieren die Arbeit der Regierung. Sie kümmern sich um alle Angelegenheiten Thüringens und planen, beraten und beschließen Gesetze für das Zusammenleben der Bürger. Um richtig zu handeln, müssen sie vorher alles gründlich diskutieren.

Der Thüringer Landtag in Erfurt.

So entsteht in Thüringen ein Gesetz

Sie können **Gesetzentwürfe** vorschlagen:

Bürgergruppen (Volksbegehren)	Landesregierung	Landtagsfraktionen der Parteien

Der Landtag berät das Gesetz: **1. Lesung**
Bürger können teilnehmen, sich äußern oder demonstrieren.

Fachausschüsse beraten öffentlich das Gesetz.
Sie berichten dazu im Landtag.
Der Landtag berät: **2. Lesung**.

Bei Ablehnung tagen die Fachausschüsse neu.
Wieder berät der Landtag: **3. Lesung**.

Der Landtag stimmt zum Gesetz ab.
Stimmt die Mehrheit dafür, ist es angenommen.

Der Landtagspräsident verkündet das Gesetz im Gesetzblatt.

Das Gesetz tritt in Kraft.

In diesem Versammlungssaal berät der Thüringer Landtag.

1 Lest im Thüringer Schulgesetz nach, was euch interessiert.

2 Erkundet: Wer setzt das Thüringer Schulgesetz um?

Demokratische Einrichtungen nennen: Landtag; Aufgaben demokratischer Einrichtungen beschreiben: Planung, Beratung, Entscheidung, Umsetzung

AH S.11

Abgeordnete des Deutschen Bundestages werden in demokratischer Wahl für vier Jahre gewählt. Der Bundestag ist das Parlament der Bundesrepublik Deutschland. Er versammelt sich im Plenarsaal. „Parlament“ ist vom französischen Wort für „sprechen“, „reden“ abgeleitet. So wird auch im Bundestag viel gesprochen, heftig gestritten, beraten und diskutiert. Nach vielen Diskussionen beschließen die Politiker Gesetze und Neuerungen, die das Zusammenleben der Menschen in Deutschland regeln.
Das wichtigste Gesetz ist das Grundgesetz für die Bundesrepublik Deutschland. Es regelt die rechtliche und politische Grundordnung der Bundesrepublik.

Im Plenarsaal: Der Deutsche Bundestag wählt hier den Bundeskanzler oder die Bundeskanzlerin. Er wirkt bei der Wahl des Bundespräsidenten mit und beschließt auch Verträge mit anderen Staaten.

Am 8. Mai 1949 wurde das Grundgesetz für die Bundesrepublik Deutschland verabschiedet. Es wurde am 23. Mai 1949 verkündet.

Gebäude des Deutschen Bundestages in Berlin: Es gehört dem Volk und ist öffentlich zugänglich. Die Kuppel sorgt für Licht im Versammlungssaal.

3 Informiere dich in der Zeitung oder im Internet, worüber der Deutsche Bundestag aktuell diskutiert. Sprecht in der Klasse über ein Thema. Äußere deine Meinung dazu.

★ Informiert euch im Kinderportal des Deutschen Bundestages: www.kuppelkucker.de

Welche Rechte haben die Kinder?

Die Menschenrechte wurden 1948 verkündet.

Nach zwei großen Weltkriegen gründeten 1945 fünfzig Staaten einen Bund, die Vereinten Nationen, kurz UN (englisch: United Nations) genannt. 2012 gehören 193 Staaten dazu. Die Organisation setzt sich für Frieden und Freiheit auf der ganzen Welt ein. 1948 verkündeten die Vereinten Nationen die Menschenrechte. Darin steht, dass alle Menschen gleich und frei sind und sich in Freundschaft begegnen sollen. Jeder hat das Recht auf Leben, Freiheit und Sicherheit der Person. Kinder brauchen zusätzlichen Schutz. Deshalb wurden 1959 besondere Rechte der Kinder bekannt gegeben.

Jedes Kind hat ein Recht auf

1 Nennt Beispiele, wie in Deutschland die Kinderrechte verwirklicht sind.

2 Welches Recht ist dir besonders wichtig? Begründe deine Meinung.

Die Einhaltung von Rechten und Pflichten einschätzen und diskutieren; eigene Standpunkte darlegen und begründet vertreten

AH S.12

Am 20. November 1989 nahmen die Vereinten Nationen die Konvention (Übereinkommen) über die Rechte des Kindes an. Fast alle Staaten der Erde haben sie inzwischen bestätigt. Im September 1990 verpflichteten sich beim Weltkindergipfel Regierungen aus der ganzen Welt, die zehn Grundrechte der Kinder anzuerkennen und bekannt zu machen. Doch noch immer werden die Rechte der Kinder täglich verletzt. Deshalb setzen sich viele Organisationen und Personen für Kinder ein. Schon am 11. Dezember 1946 gründeten die Vereinten Nationen das Kinderhilfswerk UNICEF (englisch: United Nations International Children's Emergency Fund). Es hilft Kindern und Müttern in 161 Ländern der Welt, vor allem in Notsituationen.

Zeichen des Kinderhilfswerks UNICEF

3 Informiert euch über Hilfsaktionen von UNICEF. Berichtet darüber.

★ Ihr könnt UNICEF-Junior-Botschafter werden. Informiert euch im Internet.

Argumentieren lernen – Probleme lösen

Stellt euch vor, ihr wollt mit euren Eltern in der Klasse das Thema diskutieren: „Welche Rechte hat ein Kind in der Familie?“ Wie wollt ihr euch vorbereiten? Was wollt ihr sagen? Vielleicht gehen eure Meinungen ja auseinander?

Ich weiß zu wenig über Kinderrechte. Ich sage gar nichts.

Wir geben einfach Fragen an die Eltern weiter und lassen sie reden.

Jeder kann doch sagen, was er denkt.

Ich sage lieber nichts. Ich krieg' nur Ärger, denn zu Hause klappt es nicht mit meinen „Kinderrechten“.

Wir losen aus, wer etwas sagen soll. Das ist gerecht.

Problem heißt eigentlich „Hindernis“.
In einem Problem stecken oft Fragen, die nicht immer leicht zu beantworten sind. Oft gehen die Meinungen darüber auseinander.
Jeder kann etwas vorschlagen oder etwas ablehnen.
Jeder sollte sagen, warum er für etwas oder gegen etwas ist.
Im Meinungsaustausch gewinnt ihr eine größere Klarheit über ein Problem.
Ihr nennt Gründe, warum ihr anderen zustimmt oder ihre Meinung ablehnt.
Anders gesagt: Ihr tauscht Argumente aus.

1 Übt für eure Diskussion.
Jeder wählt dazu einen andersfarbigen Hut aus.
Mit der Wahl der Hutfarbe legt jeder fest, wie er in die Diskussion einsteigen will. Hier ein Beispiel:

 einen Eindruck, ein Gefühl mitteilen

 über Nachteile eines Vorschlags sprechen

 Informationen sammeln, Tatsachen nennen

 über Vorteile eines Vorschlags sprechen

 einen völlig neuen Vorschlag machen

 Äußerungen zusammenfassen, eine Entscheidung vorschlagen

2 Wechselt nach einiger Zeit die Hüte. So kann jeder das Problem von mehreren Seiten bedenken.
Wer am Ende einen gelben Hut erhält, fasst zusammen.

Formen der Kommunikation anwenden: Argumentation; die Einhaltung von Rechten und Pflichten einschätzen, diskutieren; eigene Standpunkte darlegen, begründen

S. 3

Im Winter

Wie wirkt der Luftdruck auf Wind und Wetter?
Was kann jeder gegen Luftverschmutzung tun?
Warum gibt es ohne Luft keinen weißen Schnee?

Luftdruck und Wetter

Die Erde ist von einer Lufthülle umgeben. Luft ist ein Gemisch aus Gasen. Die Gase haben ein Gewicht. Sie üben auf jeden Körper und auf die gesamte Erde einen Druck aus – den Luftdruck.

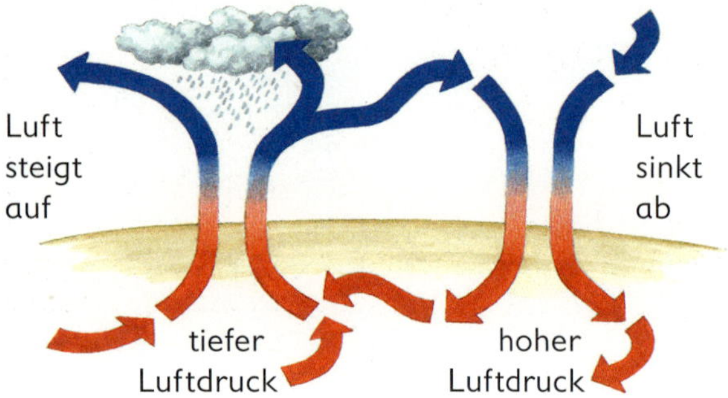

Der Luftdruck nimmt in der Höhe ab und hängt auch von der Temperatur ab. Deshalb kann er sich von Ort zu Ort unterscheiden. Luftdruckunterschiede gleichen sich aus. Aus einem Gebiet mit hohem Luftdruck strömt Luft (Wind) in ein Nachbargebiet mit niedrigem Luftdruck. Das Wetter wechselt.

Meteorologen unterscheiden:

1 Tiefdruckgebiete: niedriger Luftdruck
Die Sonne erwärmt den Erdboden und die Luft darüber. Steigt die warme Luft auf, sinkt der Luftdruck am Boden, es entsteht ein Tiefdruckgebiet. Die warme Luft enthält Wasserdampf, der sich in der Höhe wieder abkühlt. Die Wassertröpfchen sammeln sich in Wolken. Ein Tief bringt deshalb meist viele Wolken und Niederschläge.

2 Hochdruckgebiete: hoher Luftdruck
Kalte, trockene Luft sinkt an einem Ort zu Boden, der Luftdruck am Erdboden steigt, ein Hochdruckgebiet entsteht. Die trockene Luft nimmt mehr Wasserdampf auf, die Wolken lösen sich auf. Sonniges Wetter ist zu erwarten.
Die abgesunkene Luft strömt vom Hoch wieder in ein benachbartes Tief.

Ein Tiefdruckgebiet entsteht

Lasst euch diesen Versuch von Erwachsenen zeigen.

- 10 Teelichter werden auf einer feuerfesten Unterlage im Kreis aufgestellt und angezündet.
- Beobachtet die Kerzenflammen.
- Vermutet: Wo befindet sich das „Hochdruckgebiet“, wo das „Tiefdruckgebiet“?

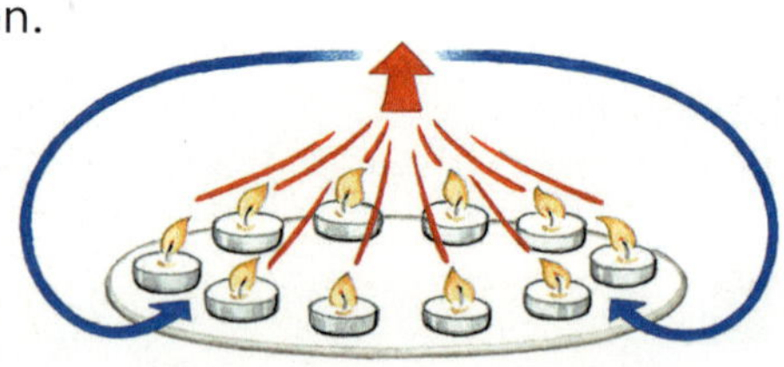

Erklärung: Die Kerzen erwärmen die Luft. Die warme Luft steigt auf und der Luftdruck innerhalb des Kerzenkreises sinkt. Weil sich aber Luftdruck ausgleicht, wird Luft von außerhalb des Kerzenkreises nachgesogen. Ein Luftzug entsteht, die Flammen neigen sich.

AH S.13 S.11

Luft kann verschmutzen

Luft auf Verschmutzung untersuchen

Ihr braucht:
- Glas
- durchsichtigen Klebestreifen
- Schere, Papier
- Lupe

Geht so vor:
- Klebt über das Becherglas einen Klebestreifen mit der Klebeseite nach oben.
- Stellt das Glas an einen verkehrsreichen Ort.
- Klebt den Streifen einen Tag später mit der Klebeseite auf sauberes, weißes Papier.
- Betrachtet den Streifen mit der Lupe.

- Ihr könnt den Versuch an einem anderen Ort wiederholen und vergleichen.

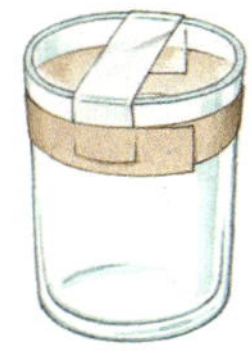

Luft beeinflusst das Wetter. Pflanzen, Tiere und Menschen brauchen Luft zum Leben. Wir Menschen aber tragen dazu bei, dieses besondere Gas „Luft" zu verschmutzen. Die Luft kann sich kaum noch selbst reinigen.

Industrie: Im Stahlwerk wird aus Roheisen Stahl produziert. Das bedeutendste Herstellerland für Stahl ist China. Bei der Produktion können schädliche Gase und giftiger Staub in die Luft gelangen. Sie schaden der gesamten Umwelt.

Verkehr: Weltweit nimmt der Verkehr zu. Kraftfahrzeuge belasten die Umgebungsluft durch stark und weniger giftige Abgase. Die Reifen reiben auf den Fahrbahnen. So gelangt feiner Staub in die Luft, der für die Gesundheit schädlich ist.

Pflanzenanbau: Damit Pflanzen besser wachsen, werden sie mit künstlichem Dünger ernährt. Pflanzenschutzmittel sollen Krankheiten und Schädlingsbefall verhindern. Winzige feste Teilchen bleiben als Schwebstoffe in der Luft hängen.

Haushalte: Heizungen verunreinigen die Luft. Aber auch Duftspender, Zigarettenrauch, Haushaltsreiniger, Sprays und Kleber verursachen in Räumen „dicke Luft". Räume müssen deshalb regelmäßig gelüftet werden.

1 Befragt Erwachsene: Was kann jeder tun, um Luftverschmutzung zu vermeiden? Stellt eine Übersicht zusammen.

Die Verschmutzung der Luft als Resultat technischer Entwicklungen beschreiben; experimentieren, Erkenntnisse aus Versuchen auf Alltagssituationen übertragen

AH S.13

Wasserkraft kann Maschinen antreiben

Bis vor 300 Jahren hatten die Menschen drei wichtige Energiequellen, um Arbeit zu verrichten:

- ihre eigene Muskelkraft und die der Tiere,
- die Kraft des Windes und
- die Kraft des Wassers.

Um die Wasserkraft zu nutzen, bauten sie an Bächen und an Flüssen Wasserräder. Bei diesem Mühlrad fließt Wasser über eine Rinne in geschlossene Zellen. Das Gewicht des Wassers drückt das Mühlrad herunter, es beginnt sich zu drehen. Aus der Fließbewegung des Wassers wird die Drehbewegung des Mühlrades. Die Mühlräder wiederum treiben Mühlsteine, große Hämmer oder Sägen an.

Ein Wasserrad bauen und ausprobieren

Vermutet: Wie verändert sich die Drehbewegung des Rades, wenn der Wasserstrahl stärker oder schwächer wird?

Ihr braucht:

- Teile 1 – 5

Geht so vor:

- Baut den Versuch so auf und probiert aus:

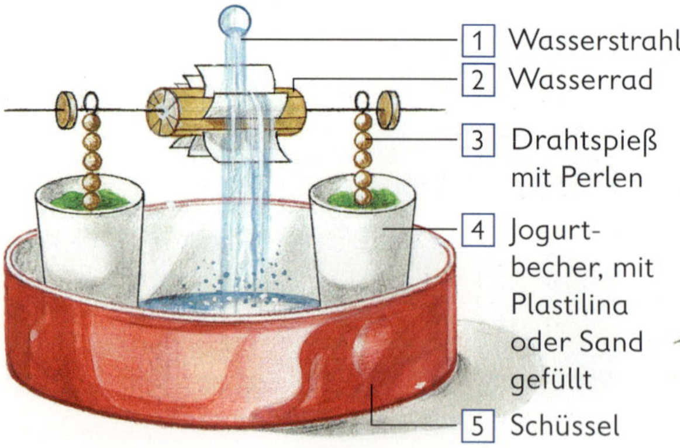

- So baut ihr das Wasserrad 2:

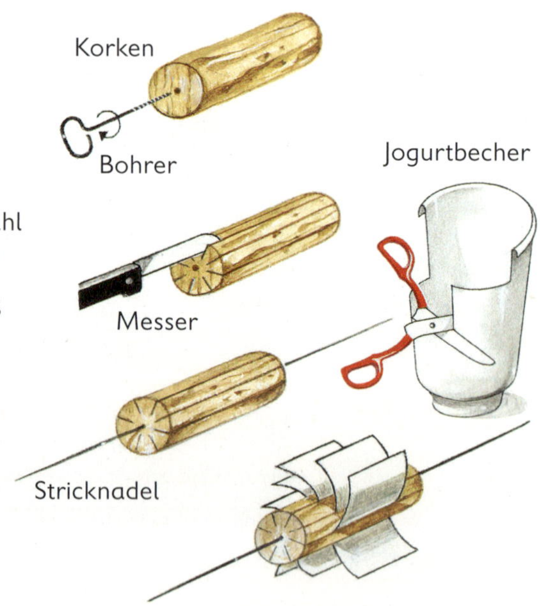

Ergebnis: Erstellt eine Tabelle und tragt eure Beobachtungen ein.

Bedeutung des Wassers als erneuerbarer Energieträger (Wassermühle) benennen; experimentieren, dabei technische Geräte nutzen; Erkenntnisse auf den Alltag übertragen

AH S.14

S. 10, S. 11

Windkraft kann Maschinen antreiben

Windmühlen um 1780

Windräder heute

Der Wind treibt die Flügel der Windmühle an. Die Drehbewegung der Mühlenflügel wird über eine Welle auf ein Mahlwerk, eine Ölpresse oder auch ein Sägewerk übertragen. So wird mit Windkraft Mehl gemahlen, Öl gewonnen oder Holz gesägt. Windmühlen standen an windreichen Orten: im Flachland, auf Bergen, in der Nähe des Meeres.

Ein Windrad ist eine Maschine, die Windenergie in elektrische Energie umwandelt. Ein großes Windrad kann etwa 800 Haushalte mit elektrischem Strom versorgen. Windräder arbeiten sauber, ohne Abgase und ohne Abfall. Sie erzeugen aber Lärm. Windräder stehen an Orten mit viel Wind – auf Hügeln oder auch auf riesigen Plattformen im Meer.

Ein Windrad bauen und ausprobieren

Ihr braucht:
- Werkzeuge
- verschiedene Holzteile (1)
- Schrauben und Nägel (2)
- Unterlegscheibe oder Gummiring (3)
- kleine Metallhülse (4)
- Holzleim und Farbe

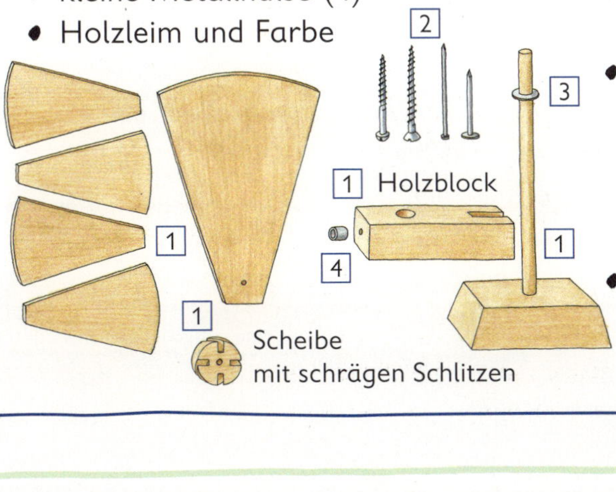

Geht so vor:
- Wählt Werkzeuge aus.
- Fertigt die Holzteile an.
- Leimt 4 kleine Flügel in die Schlitze der Holzscheibe.
- Leimt den großen Flügel in den Schlitz des Holzblocks.
- Setzt die Hülse auf einen langen Nagel und befestigt mit dem Nagel die Scheibe.
- Was ist noch zu tun?

Rätselhaftes im Winter

Mein Winter-Forscher-Buch

① Was hat Luft mit weißem Schnee zu tun?

② Ich entdecke und erkläre: An kalten Wintertagen kann ich meine Atemluft sehen. Warum?

③ Ich bastle, beobachte und erkläre: Wie verhält sich eine Papierschlange über einem Heizkörper?

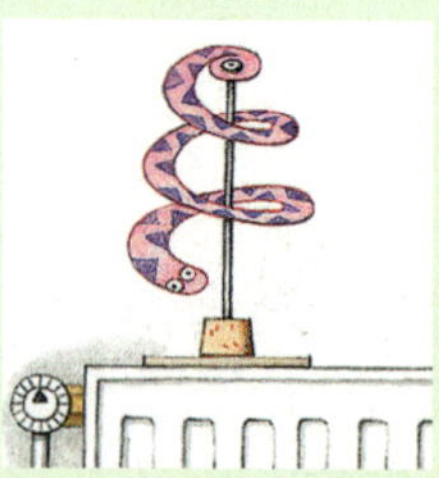

④ Ich frage nach: Warum sollen Fenster im Winter nur kurz, aber weit geöffnet werden?

⑤ Ich lese nach: Funktionieren Windräder auch im Winter?

⑥ Ich probiere aus und staune:
- Ich stelle eine leere Milchflasche in heißes Wasser, damit sich die Luft im Innern erwärmt.
- Dann nehme ich die Flasche aus dem Wasser und setze ein gepelltes, weich gekochtes Ei auf die erwärmte Milchflasche.

⑦ Ich experimentiere und erkläre: Ich stecke eine erbsengroße Kugel aus Alufolie vorn in den Flaschenhals. Ich puste in die Flasche.

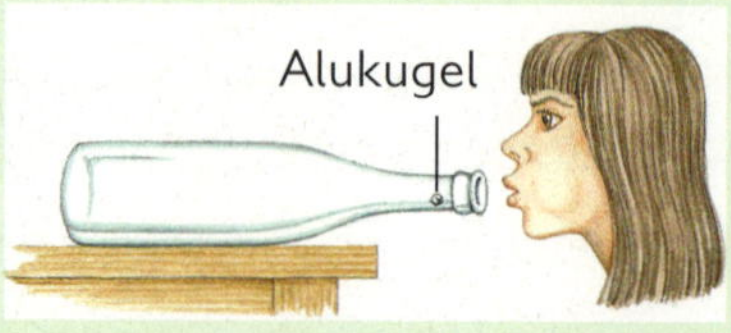

Wirkung der Luft und des Luftdrucks erkennen, dazu experimentieren;
Vermutungen prüfen, diskutieren, Erkenntnisse auf Alltagssituationen übertragen

AH S.13

Das tut mir gut

Was kann ich tun, um gesund zu bleiben?
Warum verändere ich mich?
Wie kommen Kinder zur Welt?

Tipps für deine Gesundheit

Kinder sind die gesündeste Gruppe in der Bevölkerung. Aber manchmal werden auch Kinder krank. Meist gibt es dafür Anzeichen, der Arzt sagt dazu „Symptome“:
Man friert, hat gar Schüttelfrost. Man fühlt sich müde und schwach oder hat Schmerzen.
Das Essen schmeckt nicht. Manchmal verändert sich auch die Haut – sie juckt, Pusteln erscheinen.
Der Körper wehrt sich gegen die Krankheit, bei manchem zeigt sich Fieber.

Die Körpertemperatur schwankt:
Nachts ist sie niedriger als am Tag.

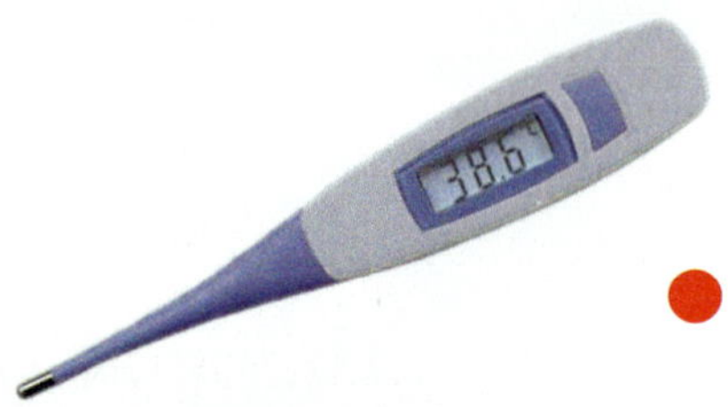

- 36,5 °C bis 37,5 °C: Normaltemperatur
- 37,6 °C bis 38,5 °C: erhöhte Temperatur
- 38,6 °C bis 39,5 °C: Fieber
- über 39,5 °C: hohes Fieber

Versuche nicht, Krankheitszeichen zu überspielen. Wie Paul: Abends hatte er Fieber, die Mutter gab ihm eine Tablette. Früh zog er los, obwohl ihm nicht gut war. Er wollte beim Ausflug unbedingt dabei sein. Am Ende musste der Lehrer ihn sogar ins Krankenhaus bringen. Der Ausflug war damit für alle zu Ende.
Jetzt, nach dieser Anstrengung, dauert es länger, bis Paul wieder gesund ist.
Deshalb: Bei Krankheitszeichen sofort zum Arzt!

Gesund ist, wer sich wohl fühlt, aktiv ist, wer gern arbeitet oder spielt, wer Freunde hat und selbst gut drauf ist.

1 Welche Krankheitszeichen hast du bei dir schon einmal festgestellt?

2 Messt eure Körpertemperaturen. Vergleicht. Welches Thermometer nutzt ihr dafür?

3 Wie kannst du Erkältungen vermeiden? Befrage Erwachsene nach Hausmitteln gegen Erkältung.

4 Protokolliere drei Tage lang alles, was du isst und trinkst.
Vergleiche mit der Nahrungspyramide. Schätze ein, ob du dich gesund ernährst.

5 Warum fördert Radfahren die Gesundheit? Begründe.

Kinder essen, was zu Hause auf den Tisch kommt oder was es in der Schulküche gibt. Und schließlich das, was sie sich vom Taschengeld kaufen.
Wenn das Essen gut schmeckt, macht es Vergnügen. Vor allem aber ist es die Quelle unserer Energie und unserer Gesundheit. Doch nicht alles, was gut schmeckt, ist auf die Dauer gesund.

Die drei Gefahren beim Essen sind:

- zu wenig essen, um schlank zu bleiben,
- zu viel essen,
- sich einseitig ernähren, etwa mit Kartoffelchips, Schokoriegeln und Cola als Hauptnahrung.

Darauf reagiert unser Körper:

- Wer zu wenig isst, ist meist auch müde, unlustig und unleidlich.
- Wer zu viel oder einseitig isst, wird schnell übergewichtig. Übergewicht belastet die Gelenke. Es kann sie schädigen und dazu beitragen, dass der Körper seine Ausdauer verliert. Dann machen Sport und Bewegung oft keinen Spaß mehr. Wenn sogar Fettleibigkeit entsteht, kann dies viele Krankheiten hervorrufen.

Als die ersten Menschen lebten, waren sie tagsüber immer in Bewegung, um Nahrung zu suchen. Entsprechend entwickelte sich ihr Körperbau. So können wir lange Strecken laufen, klettern, Lasten tragen und vieles andere tun.

Heute sitzen auch Kinder zu viel: in der Schule, vor dem Fernseher, vor dem Computer.
Unser Körper will beschäftigt werden, sonst wird er lustlos. Deswegen soll man als Ausgleich Sport treiben: Gut sind zum Beispiel Radfahren und Schwimmen, am besten Rückenschwimmen und Kraulen. Beides stärkt besonders den Rücken und die Muskulatur.

Lebensmittel als gesundheitsfördernd einordnen; über seine körperliche Leistungsfähigkeit reflektieren

AH S.15 S.12

Kleine, bunte Flaschen, „Alcopops“, lassen es lustig werden oder vertreiben den Kummer – jedenfalls fürs Erste. Man trinkt noch eine zweite Flasche – später wird es zur Gewohnheit – und am Ende kann mancher vom Alkohol nicht mehr lassen, er ist süchtig nach Alkohol.
Auch das kann eine Sucht werden: naschen, essen, hungern, am Computer spielen, rauchen, unkontrolliert Medikamente einnehmen, anderen gefallen wollen.
Aufmerken sollte auch, wer ständig fernsehen will und unruhig wird, wenn der Fernseher nicht läuft, wer sich kaum für eine Sendung interessiert, sondern ohne Freude von einem Sender zum anderen „zappt“. Für Sport, Freunde und zum Lernen bleibt da wenig Zeit.

Süchte sind Krankheiten. Deshalb:
Informiere dich, wie Süchte zu vermeiden sind.
Nutze Angebote im Ort.
Führe Gespräche mit Eltern, Freunden oder anderen vertrauten Menschen.

6 Betrachtet im Internet „Plakate gegen das Rauchen“. Sprecht darüber.

Besonders wohl fühlt man sich mit Freunden.
Du kannst mit ihnen den Tag verbringen, sie um Rat fragen, ihr könnt einander helfen. Das heißt aber auch: An gute Freunde sollte man denken und ihnen gelegentlich eine Freude bereiten, sich um sie kümmern, wenn sie Sorgen haben. Man sollte ihnen hin und wieder sagen, wie sehr man sie mag und dass man sie braucht.
Das festigt nicht nur eure Freundschaft.
Gutes tun kommt meist zurück.

★ Womit könntest du deiner besten Freundin oder deinem besten Freund eine Freude machen? Etwas, das kein oder nur wenig Geld kostet.

Regeln für einen verantwortungsvollen Umgang für sich und andere übernehmen; Maßnahmen zur gesunden Lebensweise nennen

AH S.15

S. 4, S. 12

Wie die Zeit der Pubertät beginnt

Menschen wachsen und entwickeln sich: Baby, Kleinkind, Schulkind … Mit zehn Jahren seid ihr im Übergang zum Jugendalter. In den nächsten acht Jahren werdet ihr erwachsen und in den nächsten sechs Jahren auch fortpflanzungsfähig:
Bei den Mädchen reifen die ersten Eizellen.
Eines Tages wird aus der Gebärmutter eine reife Eizelle abgestoßen, mit einer Blutung, die nun etwa alle 28 Tage wiederkehrt. In den Hoden der Jungen wachsen Samenzellen – manchmal kommt es nachts zu Samenergüssen. In dieser Zeit nehmen Schamgefühle zwischen Mädchen und Jungen zu.
Kleinkinder ziehen sich noch ungeniert voreinander aus. Sie entdecken bald, dass es zwei Sorten Menschen gibt, aber es interessiert sie nicht sehr. Wenn sich der Körper verändert, verstärkt sich auch das eigene Körpergefühl. Man fühlt sich unsicher, will sich sich nicht nackt zeigen und seinen Körper schützen. Das ist nicht falsch, denn man lernt dabei, selbst zu entscheiden, zu wem man Nähe sucht oder auch Abstand hält.
In der Pubertät verändert sich nicht nur der Körper. Mädchen und Jungen stellen mehr Fragen, sie bilden sich ihre eigene Meinung und werden selbstständiger. Sie treiben aktiv Sport oder spielen Theater, sie lernen tanzen oder beschäftigen sich mit der Natur. Das hilft, selbstbewusst zu werden.

1 Betrachte das Bild: Benenne körperliche Veränderungen bei Mädchen und Jungen.

2 Welche körperlichen Veränderungen bemerkst du an dir?

Vergleichen, Veränderungen erkennen

- Betrachte im Bild 1 das Mädchen.
- Betrachte im Bild 2 das Mädchen im Schulalter.
- Finde Unterschiede. Sie zeigen Veränderungen.
- Betrachte das Mädchen in Bild 3 und die Frau in Bild 4. Vergleiche.

Pubertät – muss das schwierig sein?

Mädchen und Jungen

Das sind Carl und Claire.
Bisher gehörten sie zu verschiedenen Gruppen:
Carl zu den Jungen,
Claire zu den Mädchen.
Jungen geben sich meist stark und mutig. Für Mädchen haben sie noch wenig Interesse.
Und wie geben sich die Mädchen?

Seit einiger Zeit ist es anders.
Seht euch Carl und Claire an.
Sie stecken die Köpfe zusammen.
Sie reden miteinander.
Was ist passiert?

Mit etwa zehn Jahren beginnen wir uns stärker für das andere Geschlecht zu interessieren. Jungen schielen häufiger nach einem Mädchen, das sie interessiert. Und umgekehrt diskutieren Freundinnen gern darüber, wer von den Jungs für sie in Frage käme … Ein ganz normaler Vorgang. Wir sind nicht gemacht, um solo durchs Leben zu gehen. Heiraten kann man erst ab 18, aber verlieben kann man sich schon vorher.

Der Täuberich wirbt um das Weibchen: Er sträubt die Federn, lüftet die Flügel, senkt die Schwanzfedern und trippelt schnell um das Weibchen herum.

Was ist mit den Mädchen und den Jungen? Viele Mädchen sind unsicher. Sie verstecken ihren Körper unter weiter Kleidung, weil die Brust schon zu sehen ist und der Körper runder wird. Die Mädchen fühlen sich plötzlich zu dick und wollen kaum noch essen. Andere Mädchen fühlen sich auch zu dünn und fragen sich, ob sie für andere attraktiv genug sind.

Körperliche Entwicklungsphasen beschreiben, Regeln für einen verantwortungsbewussten Umgang für sich selbst und andere übernehmen …

AH S.16

S. 12

Auch viele Jungen fühlen sich unsicher. Einige führen sich wie kleine Machos auf, weil sie damit verbergen wollen, dass auch sie manchmal Angst haben. Das schlimmste für sie wäre, dass man sie auslacht. Andere sind auch grob zu Mädchen, dabei wollen sie nur Kontakt zu ihnen aufnehmen. Manche prügeln sich auch mit anderen Jungen, um Stärke zu zeigen.
Freundschaften wechseln. Plötzlich ist die beste Freundin nicht mehr so wichtig wie der Junge aus dem Nachbarhaus. Oder ein Junge versäumt das Handballtraining, weil ein Mädchen aus der Klasse mit ihm ins Kino gehen will.
Ratschlag für Mädchen und Jungen: Geht behutsam miteinander um.

1 Was bedeutet es für euch, in der Klasse behutsam miteinander umzugehen?

Was ist mit den Eltern?
Jungen und Mädchen betrachten ihre Eltern jetzt kritischer und widersprechen öfter. Das sind die Eltern bisher so nicht gewohnt, deshalb kann es schnell zum Streit kommen.
Da hilft nur: miteinander reden, Fragen stellen, aber nicht provozieren, eine eigene Meinung vertreten, aber auch die Meinung der Eltern hören.
Wer mehr Freiheiten will, muss auch mehr Verantwortung übernehmen: Zu Hause helfen, zur verabredeten Zeit zu Hause sein …

★ Was sollte im Umgang von Mädchen und Jungen miteinander in eurer Klasse besser werden?
Macht daraus ein Benimm-Büchlein, lest daraus vor und diskutiert darüber.

Ein Mädchen entwickelt sich zur Frau

In der Pubertät bilden sich bei Mädchen die Geschlechtsmerkmale einer erwachsenen Frau heraus.

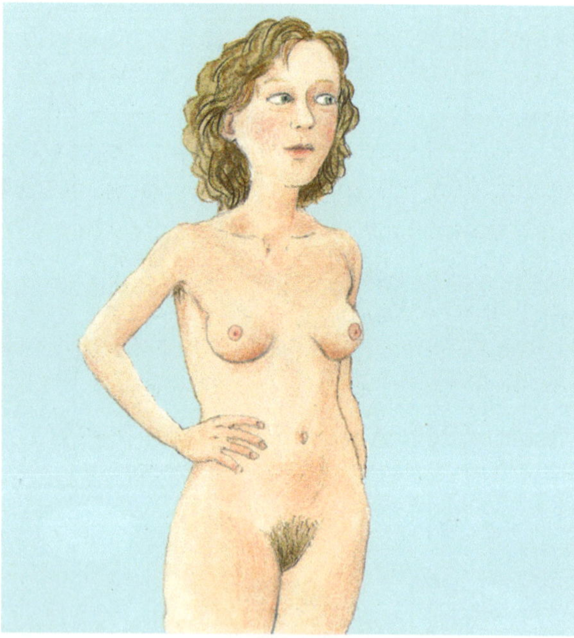

Der Körper einer jungen Frau

Körperbau

Frauen haben meist schmalere Schultern als Männer. Ihr Becken ist flacher und in der Mitte etwas breiter, denn der Beckenausgang muss so groß sein, dass der Kopf eines Babys bei der Geburt hindurchpasst. Unter der Haut der Frau bildet sich Fettgewebe, vor allem an den Hüften, der Brust und den Oberschenkeln. Dadurch wirkt der weibliche Körper weicher und runder als der Körper eines Mannes. Die Geschlechtsorgane der Frau sind durch eine Schambehaarung geschützt. Auch unter den Achseln wachsen Haare.

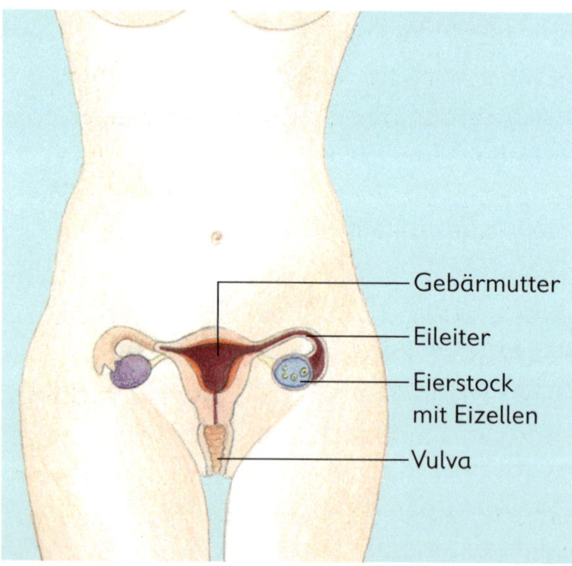

Geschlechtsorgane der Frau

Geschlechtsmerkmale

Frauen können Kinder gebären. Ihre Geschlechtsorgane sind dafür ausgebildet. In den Eierstöcken befinden sich Eizellen. Jeden Monat reift eine winzige Eizelle. Sie wandert durch den Eileiter zur Gebärmutter und nistet sich dort in einer gut durchbluteten Schleimhaut ein. Wird das Ei nicht durch einen Samen befruchtet, löst sich die Schleimhaut zusammen mit dem Ei ab. Die Monatsblutung, auch Regel oder Periode genannt, tritt ein. Dieser natürliche Vorgang dauert einige Tage. Danach baut sich eine neue Schleimhaut auf, wieder reift ein Ei.

1 Erkläre, wie sich ein Mädchen zur Frau entwickelt.

2 Wie findest du es, jugendlich und erwachsen zu werden?

Körperliche Entwicklungsphasen beschreiben; verantwortungsbewusst mit sich selbst und anderen umgehen; das eigene und das andere Geschlecht achten

AH S.16 S. 12

Ein Junge entwickelt sich zum Mann

In der Pubertät bilden sich bei Jungen die Geschlechtsmerkmale eines erwachsenen Mannes heraus.

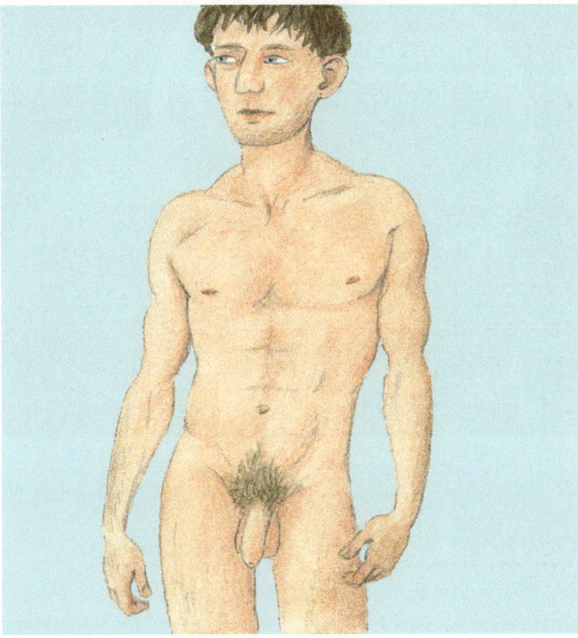

Der Körper eines jungen Mannes

Körperbau

Männer sind meist größer als Frauen. Ihre Schultern sind breiter und kantiger, die Brüste kaum entwickelt, das Becken ist eng und schmal. Männer haben auch kräftigere Muskeln als Frauen. Werden die Muskeln aber nicht beansprucht, erschlaffen sie. Auch Männer setzen Fettgewebe an, oft am Bauch. Männer haben meist eine tiefe Stimme, denn wenn die Geschlechtsorgane wachsen, vergrößert sich auch der Kehlkopf. Darin wird die Stimme erzeugt.

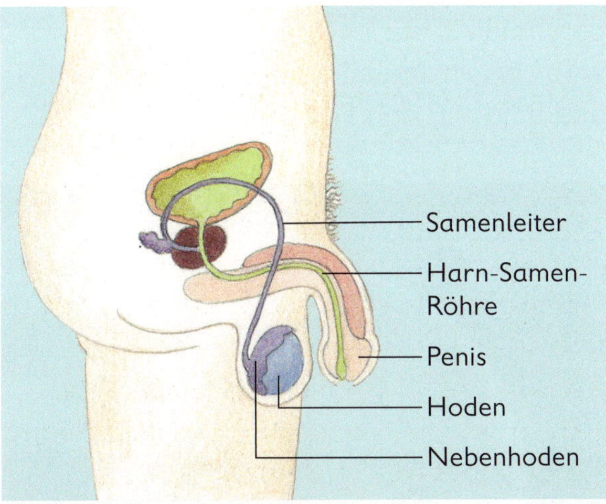

Geschlechtsorgane des Mannes

Geschlechtsmerkmale

Äußerlich sind die Hoden und der Penis (Glied) zu sehen. Die Hoden sind eine „Samenfabrik". Ständig werden Samenzellen produziert und in die Nebenhoden befördert. Viele Samenzellen sterben wieder ab. Der Penis kann steif werden und dann über den Samenleiter und die Harn-Samen-Röhre Samenzellen ausstoßen. Männern wächst ständig ein Bart. Unter und an den Armen und Beinen, an der Brust und in der Schamgegend sind Männer meist stärker behaart als Frauen.

1 Erkläre, wie sich ein Junge zum Mann entwickelt.

★ Legt einen Fragekasten an. Werft eine Woche lang Zettel mit euren Fragen zu den Themen „Vom Mädchen zur Frau", „Vom Jungen zum Mann" ein. Klärt die Fragen gemeinsam.

Bevor Georg auf die Welt kam

David erinnert sich:
Als Mama uns sagte, wir bekommen noch ein Kind, waren Papa, Jule und ich vor Freude ganz aus dem Häuschen.

Ich stellte Mama viele Fragen:

Nach 8 Wochen ist es erst 25 mm groß. Es hat aber schon Beine, Arme, Hände und Füße. Sogar die Augen sind schon zu sehen.

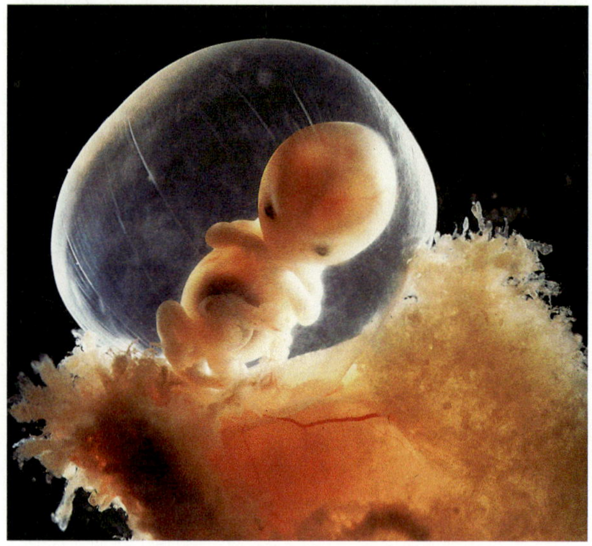

So sieht Georg nach 8 Wochen aus.

Das Baby wächst in der Gebärmutter. Es liegt darin in einer festen Blase, der Fruchtblase, und schwimmt im Fruchtwasser. Dieses Wasser schützt das Baby. Wenn ich laufe, wird es hin und her geschaukelt wie in einer Wiege. Wenn es wach ist, strampelt es mit den Beinchen und boxt mit den Fäusten.

Das Baby bekommt seine Nahrung durch eine lange Nabelschnur. Das eine Ende der Schnur ist mit dem Nabel des Babys verbunden, das andere Ende mit meinem Blutkreislauf. Deshalb muss ich mich jetzt ganz gesund ernähren, viel Obst essen. Ich darf nicht rauchen und keinen Alkohol trinken.

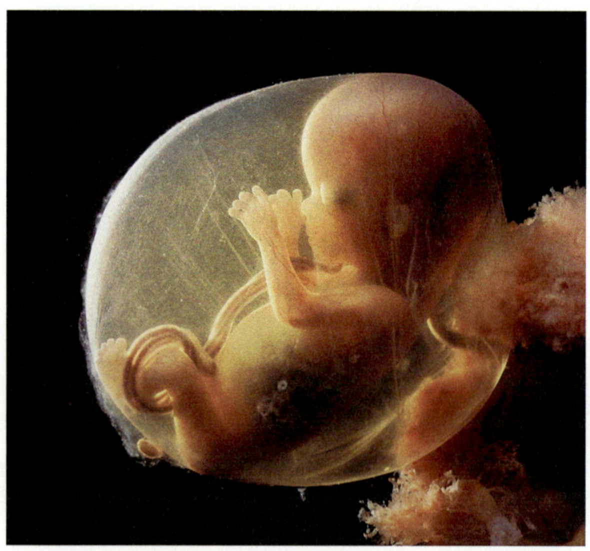

So sieht Georg nach 5 Monaten aus.

S. 12

Nach 4 Monaten beginnt das Baby zu hören. Es hört, wie es in meinem Magen gurgelt, wenn ich etwas esse und trinke. Die ganze Zeit hört das Baby mein Herz klopfen und mein Blut rauschen.
Es hört auch Stimmen und Musik.
Wird es plötzlich laut, erschrickt es.

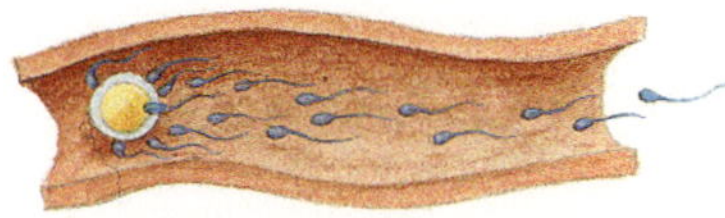

Samen unterwegs zum Ei

In meinem Bauch reift jeden Monat eine Eizelle heran. In Papas Hoden sind winzige Samen. Einer der Samen erreichte meine Eizelle, ich wurde schwanger.
Wie kommt der Samen zur Eizelle?
Wenn sich Mann und Frau lieben, wollen sie sich streicheln und eins sein. Das Glied des Mannes wird fest und kann in die Scheide der Frau gleiten. Aus dem Glied des Mannes strömen dann viele Samen. Viele sterben ab. Bis zu 300 Samenzellen werden zur reifen Eizelle transportiert. Sie lösen gemeinsam deren Hülle auf, aber nur eine Samenzelle befruchtet das Ei.

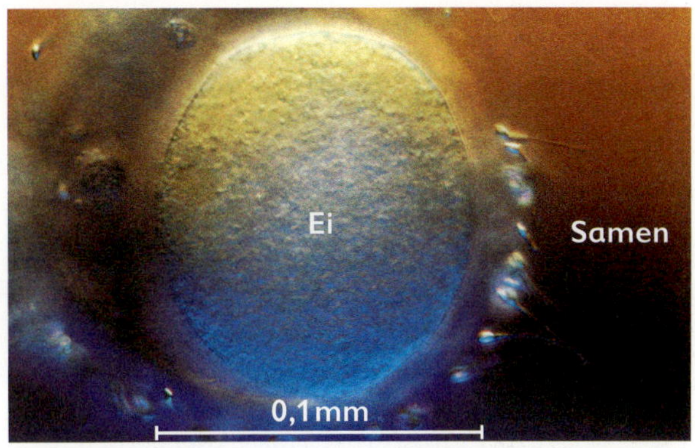

Das Ei im Bild ist stark vergrößert.

Es dauert 9 Monate, bis das kleine Menschenkind auf die Welt kommt.

Wie merkt man denn, dass das Baby auf die Welt will?

Wenn das Baby auf die Welt will, zieht sich die Gebärmutter mehrfach zusammen. Manchmal dauert eine Geburt viele Stunden. Ist der Kopf des Babys durch die Scheide gepresst, rutscht der kleine Körper hinterher.

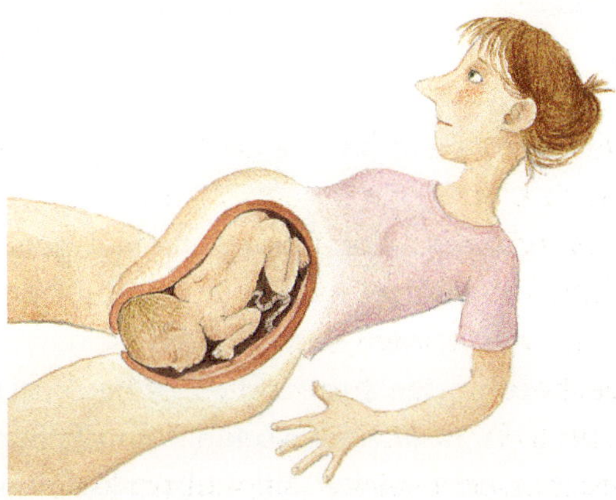

sich rücksichtsvoll gegenüber Schwangeren verhalten

S. 12

Unser Leben mit Georg

David erzählt: Endlich ist Georg auf der Welt! Mama, Papa, Jule und ich freuen uns riesig und bestaunen das kleine Menschlein. Schon am ersten Tag hielt Georg meinen Finger fest.

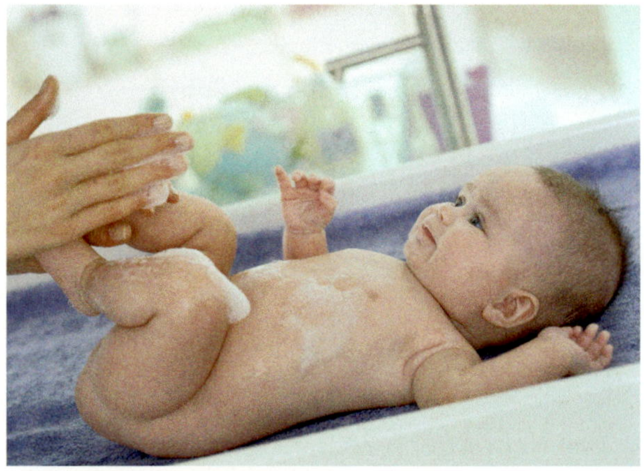

Das Baby wird gepflegt.

Wenn Georg satt und trocken ist und trotzdem weint, streichelt Mama ihn, schmust mit ihm und redet liebevoll auf ihn ein. Oder sie nimmt ihn in den Arm, wiegt ihn hin und her und singt ihm ein Lied vor. Und wenn das alles nicht hilft, bindet sich Mama ein Tragetuch um und trägt Georg mit sich herum. Das gefällt ihm sehr. Dann schläft er ein.

Was ein Säugling braucht

Mama erkennt, ob Georg vor Hunger weint, ob ihm sein Bäuchlein wehtut oder ob er weint, weil er sich allein fühlt. Mama bleibt ruhig. Sie sagt: „Alles ist neu für Georg. Er ist ja noch so klein und braucht von uns allen Liebe und Aufmerksamkeit.“

Körperliche Entwicklungsphasen beschreiben; verantwortungsvollen Umgang mit anderen pflegen …

S. 12

Wenn Georg vor Hunger weint, stillt ihn Mama, am Anfang alle 4 Stunden, sogar nachts. Langsam lernt er, dass nachts geschlafen und nicht getrunken wird. Als er mit 6 Monaten die ersten Zähnchen bekam, weinte Georg viel. In der Zeit hat er seinen ersten Brei gegessen, der hat ihm geschmeckt. Inzwischen ist Georg 72 cm lang und wiegt doppelt so viel wie bei seiner Geburt.

Nach jeder Mahlzeit wird Georgs Windel gewechselt. Dazu braucht man Feucht- und Öltücher, denn der Po darf nicht wund werden. Seit Georgs Bauchnabel abgeheilt ist, baden wir ihn 2- bis 3-mal in der Woche. Das mag er gern.
Zuerst haben wir noch kein Badeöl verwendet, damit er keine Allergie bekommt. Nach dem Baden pflegen wir seine Ohren und seine Nase mit einem weichen Tuch. Auf keinen Fall darf man Wattestäbchen dazu nehmen! Für Georgs Haare haben wir eine weiche Babybürste, mit der habe ich seine Kopfhaut leicht massiert.

Am Anfang war ich ein wenig eifersüchtig auf Georg. Aber als er mich das erste Mal anlächelte, war ich ganz glücklich.
Mit acht Wochen hat er schon mit mir erzählt, zuerst hat er gegurrt, später hat er Laute gesprochen und laut gelacht.
Als er drei Monate alt war, griff er nach dem Spielzeug, das ich ihm gab. Er hat es gleich in den Mund gesteckt.

1 Erkundige dich bei deinen Eltern über dein erstes halbes Lebensjahr. Sprich darüber.

S. 12

Menschen unterscheiden sich

Jeder ist besonders. Doch Lioba fällt in der Klasse auf. Sie ist recht klein, hat ein volles, rundliches Gesicht und mandelförmige Augen. Lioba spielt gern, am liebsten im Freien. Das Sprechen fällt ihr aber manchmal schwer und auch beim Anziehen braucht sie etwas Hilfe. Lioba hat eine angeborene Behinderung, das Down Syndrom. Alle in ihrer Familie helfen ihr, sie besucht einen Sprachkurs und wird zur Gymnastik begleitet. Lioba geht gern in ihre Grundschule und freut sich, mit den anderen Kindern in der Klasse lernen zu können.
Kinder in der Klasse erzählen über Lioba:

Lioba ist lustig und hilfsbereit. Ich zeig ihr gern, wie man am Computer arbeitet.

Lioba mag Musik. Wir hören gern zusammen Popmusik. Ihre Eltern gehen mit ihr in Konzerte. Das finde ich cool.

Sie malt ganz anders als ich, aber mir gefällt es.

Na ja, sie kapiert etwas langsam. Aber sie ist so nett, dass ich ihr gern etwas zweimal erzähle.

Sie tobt ganz gern. Meist spielt sie mit den Mädchen.

Rollerblades fährt sie nicht, aber sie schwimmt gut. Ich mag sportliche Mädchen..

Lioba meint über ihre Schule:

1 Diskutiert zu diesen Sätzen:
Jeder Mensch
- hat andere Begabungen und Fähigkeiten.
- sollte anerkannt werden.
- hat das Recht, sich mit seinen Besonderheiten in das tägliche Leben einzubringen.

Leben von Menschen mit geistigen und körperlichen Behinderungen akzeptieren, tolerieren; mit sich und anderen verantwortungsvoll umgehen, Regeln einhalten

Klaras Mutter wurde bei einem Verkehrsunfall mit dem Motorrad schwer verletzt. Sie fährt seitdem mit dem Rollstuhl. Die Familie muss nun mit dieser schwierigen Situation umgehen. Doch Vater, Mutter, Klara und Max waren sich einig: „Wir wollen das zusammen meistern."

Klara: Unsere Wohnung, vor allem Küche und Bad, wurden umgebaut. Hier kann sich Mutti mit dem Rollstuhl frei bewegen. Seit einiger Zeit fährt sie auch wieder zur Arbeit. Sie ist Buchhalterin.
Rampen helfen ihr, mit dem Rollstuhl ohne Hilfe ihr Auto und die Firma zu erreichen. An ihrem Arbeitsplatz gibt es jetzt breitere Türen und mehr Raum für den Rollstuhl.
Max: Mutti kocht gern und hat sich sehr über die neue Küche gefreut: Sie kann mit dem Rollstuhl unter die Arbeitsflächen fahren, der Geschirrspüler ist höher eingebaut, die Schränke auf Rollen, und die Kochplatten schalten sich automatisch ab. Mutti sagt oft: „Ich koche heut allein. Wenn ich Hilfe brauche, rufe ich euch."

Klara: Hier habe ich Mutti gemalt, als sie Suppe gekocht hat. Sie holt sich gerade einen Löffel und kostet.
Max: Ich habe unter das Bild geschrieben: Mutti, Deine Suppen sind immer lecker. Egal, ob Du beim Kochen sitzt oder stehst.

Klara: Manchmal ist Mutti traurig. Sie spricht aber mit uns und ihren Freundinnen über ihr „neues Leben". Wir wollen alle helfen.
Das wünscht sich Klaras Mutti:

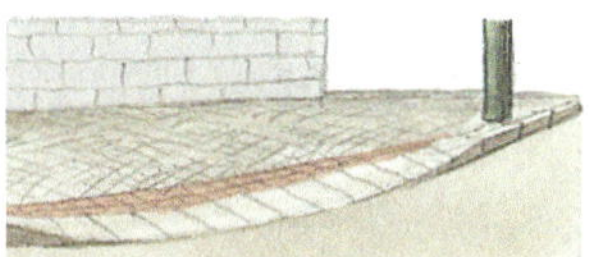

Ich kann vieles allein machen und möchte, dass man mich vorher fragt, ob ich Hilfe brauche. Ich will kein Mitleid, sondern Verständnis. Zum Beispiel sollten Bordsteine zur Straße überall abgesenkt sein.

Mein Autostellplatz an der Firma sollte überdacht sein, damit ich bei Schnee und Regen besser geschützt bin.

Die Gänge in Geschäften müssen für meinen Rollstuhl breit genug sein. Ich will jetzt dazu auch Geschäftsführungen ansprechen.

2 Stellt Regeln auf: Wie können Menschen gut miteinander umgehen, ob mit oder ohne Behinderungen?

★ Erkundet: Sind eure Schule und euer Schulweg barrierefrei? Diskutiert dazu und macht Vorschläge an die Schulleitung.

Leben von Menschen mit geistigen und körperlichen Behinderungen akzeptieren, tolerieren; mit sich und anderen verantwortungsvoll umgehen, Regeln einhalten

Rettungskette – Rettungsdienste

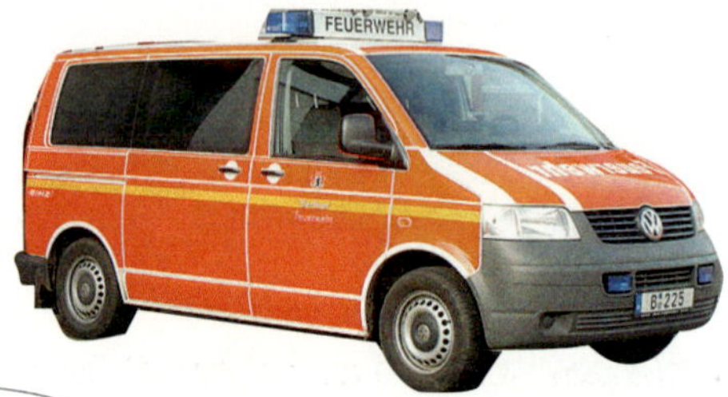

Bei Unfällen, Badeunfällen, Bränden, Bergunglücken oder medizinischen Notfällen ist schnelle Hilfe nötig. Dabei müssen Ersthelfer und Rettungsdienste gut zusammenwirken. Das nennt man Rettungskette.

Die Helfer am Unfallort helfen sofort. Sie lagern das verletzte Kind.

Ein Helfer setzt einen Notruf ab. Die Feuerwehr schickt einen Rettungswagen.

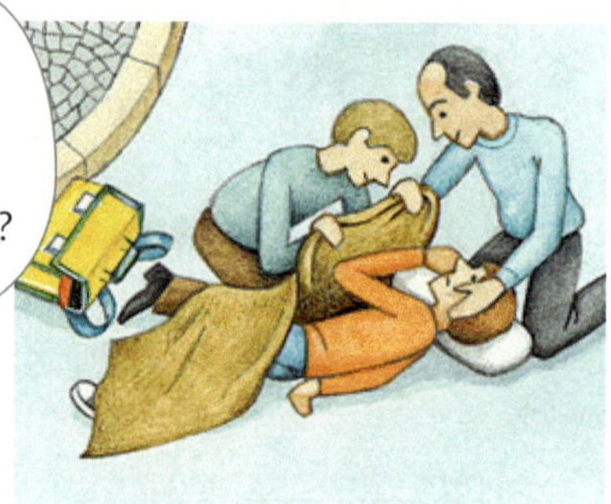

Andere Helfer leisten Erste Hilfe, sie wärmen und beruhigen das verletzte Kind.

Der Rettungsdienst bringt das Kind ins Krankenhaus. Notarzt und Sanitäter versorgen es.

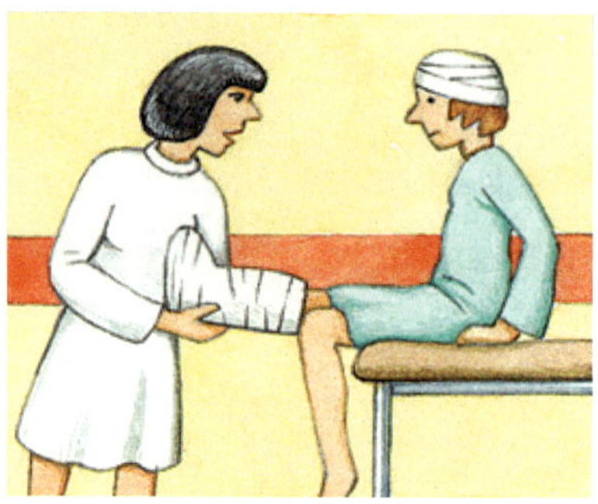

Im Krankenhaus stellen Ärzte fest, welche Verletzungen das Kind hat, und versorgen es.

1 Informiere dich über einen Rettungsdienst. Stelle seine Aufgaben vor.

Aufgaben von Hilfsorganisationen beschreiben, vergleichen; Grundregeln des Notrufs anwenden, diesen absetzen; in Gefahrensituationen richtig handeln

S. 4

Kreuz und quer durch unser Land

Warum wird unser Land auch „Das grüne Herz Deutschlands“ genannt?
Was wird in Thüringen hergestellt?
Wo kann ich in Thüringen zwischen Baumkronen spazieren gehen?

1 Dom „Zum Heiligen Kreuz“ in Nordhausen
2 Wildkatze im Nationalpark Hainich
3 Schloss Friedenstein in Gotha
4 Gedenkstätte Buchenwald bei Weimar
5 Goethe-Schiller-Denkmal in Weimar
6 Weinberge an der Ilm
7 Wartburg in Eisenach
8 Erfurter Dom
9 Planetarium in Jena
10 Autobahnkreuz Hermsdorf
11 Rathaus in Gera
12 Fachwerkhaus in Schmalkalden
13 Sprungschanze bei Oberhof
14 Saalfelder Feengrotten
15 Meininger Theater
16 Waffenschmied in Suhl
17 Bleilochtalsperre
18 Rennsteig
19 Veste Heldburg bei Hildburghausen

Unser Land Thüringen im Überblick

Der Freistaat Thüringen grenzt
im Nordwesten an das Bundesland Niedersachsen,
im Nordosten an das Bundesland Sachsen-Anhalt,
im Osten an das Bundesland Sachsen,
im Süden an den Freistaat Bayern,
im Westen an das Bundesland Hessen.

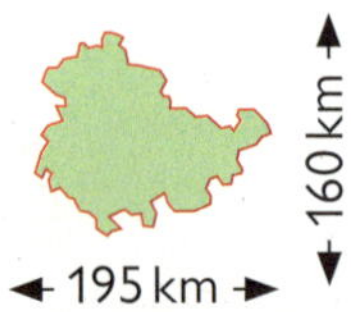

Fläche 16172 km²
Einwohner über 2 Millionen (2011)
Höchste Erhebung Großer Beerberg, 982 m
Talsperren Bleiloch, Hohenwarte, Leibis-Lichte, Talsperrensystem Obere Saale
Flüsse Werra, Hörsel, Unstrut, Gera, Ilm, Schwarza, Saale, Weiße Elster
Landeshauptstadt Erfurt

Erfurt

Große Städte

Nordhausen

Eisenach

Gera

Gotha

Weimar

Jena

Suhl

Wappen Der rot-silber-gestreifte Löwe mit goldener Krone und goldenen Krallen auf blauem Grund war einst das Zeichen der Thüringer Landgrafen. Die acht silbernen Sterne stehen für ehemalige Fürsten- und Herzogtümer, aus denen Thüringen gebildet wurde.

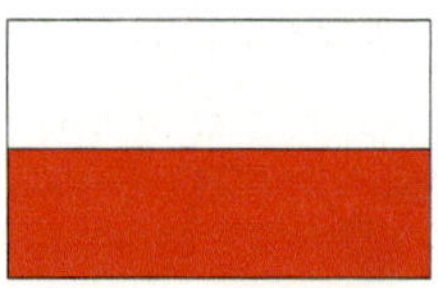

Flagge Die Landesfarben sind Weiß-Rot.
Die Landesflagge besteht aus je einem gleich breiten weißen und roten Längsstreifen.

1 Gestalte einen Kurzvortrag zum Freistaat Thüringen. Nutze die Karte (S. 64/65) und Texte.

Name des Landes Woher der Name Thüringen kommt, wird noch erforscht. Vielleicht leitet er sich von den Namen bestimmter Volksstämme ab: den germanisch-keltischen Turonen oder den gotischen Terwingen, auch Teruingi.

Ein Land vorstellen; seinen Lebensraum als Heimat wertschätzen, in seiner Schönheit und Besonderheit annehmen; Leben und Leistung früherer Generationen achten
AH S.17

Landschaften Große Teile Thüringens sind heute Waldlandschaften mit vielen Tier- und Pflanzenarten: der Thüringer Wald, das Holzland, der Hainich und die Vordere Rhön. Das weiträumige Gebiet des Thüringer Beckens ist dagegen fast waldlos. Es hat ausgedehnte Ackerebenen.
Im Land gibt es 264 Naturschutzgebiete (Stand 2009), um die reiche Tier- und Pflanzenwelt zu erhalten.

Menschen nutzen Landschaften

fruchtbare Böden	→	Ackerbau, Tierhaltung
Wälder	→	Handwerk, Industrie, Jagd, Tourismus, Forstwirtschaft
Stauseen, Seen	→	Stromerzeugung, Fischerei, Sport, Tourismus

Die Stauseen fangen im Frühjahr und in regenreichen Zeiten das Wasser der Flüsse auf und verhindern Hochwasser. In trockenen Zeiten geben sie Wasser in den Unterlauf der Flüsse ab. Die Stauseen dienen als Wasservorräte zur Gewinnung von Trinkwasser (siehe Seiten 120/121).

2 Beschreibe eine Landschaft in deiner Umgebung.

3 Erkunde ein Ereignis oder eine Persönlichkeit aus Thüringens Geschichte.
Präsentiere die Ergebnisse.

Aus Thüringens Geschichte

1518–1522 veröffentlicht Adam Ries in Erfurt zwei Bücher zum Rechnen mit Rechensteinen und Ziffern.

1775 kommt Johann Wolfgang Goethe nach Weimar. Die Stadt wird ein Zentrum der Kunst und Kultur.

1861 wird Oberhof zum Wintersportort.

1866 entwickeln Carl Zeiss und Ernst Abbe in Jena eine optische Industrie.

1919 gründet Walter Gropius die Kunstschule „Staatliches Bauhaus" für moderne Kunst und Architektur in Weimar.

1926–1932 wird die Bleiloch-talsperre gebaut.

1990 Nach der deutschen Einheit wird das Land Thüringen wieder gegründet.

2003 wird der 7916 m lange Rennsteigtunnel eröffnet.

Mit der Karte des Freistaates Thüringen arbeiten

Landhöhen
- 750 m – 1000 m
- 500 m – 750 m
- 400 m – 500 m
- 300 m – 400 m
- 200 m – 300 m
- 100 m – 200 m
- • 982 Höhenpunkt mit Höhenzahl

- Erfurt Landeshauptstadt
- Weimar kreisfreie Stadt
- Apolda Kreisstadt
- Gotha Landkreis
- Landesgrenze
- Kreisgrenze

- Fluss
- See
- Stausee mit Staumauer
- Autobahn mit Auffahrt
- Autobahntunnel
- Autobahn im Bau

0 10 20 km

Sich im Raum orientieren, mit Plänen/Karten arbeiten, sie als verkleinerte, vereinfachte, zweidimensionale, thematisch geordnete Darstellung der Wirklichkeit verstehen

AH S. 18–22

Die Karte ist eine verkleinerte, vereinfachte und verebnete Aufsicht auf das ganze Land. Was dort wirklich ist, zeigt die Karte in einer Bildersprache – mit Farben und Zeichen.

Die Legende erklärt die Farben und Zeichen:

- Verkehrswege sind als Linien zu sehen.
- Rote Flächen oder kleine, weiße Kreise sind Orte. Das Schriftbild der Ortsnamen kennzeichnet auch, ob es große oder kleine Orte sind.
- Gewässer erkennst du als blaue Linien oder Flächen.

Die Lage von Orten, Gewässern, Bergen ... kannst du mit Hilfe der Himmelsrichtungen oder auch nach den Farben der Landhöhen beschreiben. Auf der Karte erkennst du die Kreise des Freistaates Thüringen und ihre Grenzlinien. Die Ausdehnung der Kreise kannst du mit Hilfe des Maßstabs messen.

Mit der Landeskarte arbeiten

- Betrachte die Karte.
- Lies in der Legende, was die Farben und Zeichen bedeuten.
- Wähle eine Farbe und ein Zeichen aus.
- Finde sie auf der Karte.
- Erkläre, was sie dir sagen, zum Beispiel:
  - zur Landschaft,
  - zu dem Gewässer,
  - zum Verkehrsweg,
  - zur Entfernung zwischen Orten,
  - zur Lage eines Ortes,
  - ...

1 Arbeitet zu den Aufgaben **A–E** mit der Karte. Wählt Aufgaben aus oder erfindet selbst noch welche. Notiert die Ergebnisse und präsentiert sie.

A In welcher Landschaft liegt euer Heimatort? Vergleicht Orte – ihre Größe, ihre Lage, ihre Entfernung zur Landeshauptstadt ...

B Thüringen grenzt an andere Bundesländer und Staaten. Der Freistaat ist in Kreise gegliedert. Zeigt Grenzen und benennt benachbarte Staaten, Bundesländer und Kreise.

C Wo liegen Mittelgebirge? Umfahrt ihre Flächen mit dem Finger. Nennt ihre Namen und beschreibt ihre Lage.

D In welchen Höhenlagen gibt es Gewässer? Benennt Flüsse. Wo liegen ihre Quellen?

E Vergleicht zwei Landschaften: ihre Lage, die Höhenlage, die Verkehrsanbindung ...

Porträt der Landeshauptstadt Erfurt

Erfurt ist die Hauptstadt Thüringens. Vor über tausend Jahren gab es an einem Flussübergang, einer Furt, des Flusses Erph, heute Gera, eine Siedlung. So entstand der Name Erfurt. Im Mittelalter kreuzten sich hier wichtige Handelswege Europas. Das Rad im Erfurter Wappen stammt aus alter Zeit, als die Stadt noch zum Bistum Mainz gehörte. Auch heute ist Erfurt ein wichtiger Handels- und Messeort. Die Steinbauten und der Dom in der Altstadt gehören zu einem der eindrucksvollsten alten Stadtteile in Deutschland. Die Erfurter Krämerbrücke mit 32 Häusern ist die längste Brücke in Europa, die bebaut und bewohnt ist. In Erfurt arbeiten die Regierung und der Landtag des Landes Thüringen.

VOM ALTEN ERFURT

Vor fast 1000 Jahren wurden in Erfurt die ersten großen Steinbauten errichtet: die Kirchen auf dem Petersberg und Teile des Mariendoms. Ihre Türme waren weithin sichtbar.

ERFURT-INFORMATION

- Landeshauptstadt an den Ufern der Gera
- Fläche 269 km²
- Einwohnerzahl 2010: 200 949
- älteste Stadt Thüringens nach Arnstadt, erstmals urkundlich erwähnt im Jahr 742
- www.erfurt.de

Einen Ort vorstellen: Sehenswürdigkeiten, Wirtschaft, Kultur, Besonderheiten; Bedeutung für die Region erklären

AH S. 23–24

S. 13

In der alten, ehrwürdigen Stadt Erfurt sind viele Gebäude bis über 500 Jahre alt: Kirchen, Klöster, Fachwerk- und Bürgerhäuser, die Universität. Die Stadt bewirbt sich um den Titel „UNESCO-Weltkulturerbe": Eine alte Synagoge, eine Mikwe (Tauchbad), alte Handschriften und ein Schatzfund zeugen vom jüdischen Leben im Mittelalter. Es gibt Museen, Ausstellungen, Theater, Gärten und Sportstätten. Das könnt ihr in Erfurt tun:

Krämerbrücke: den Namen „Klein-Venedig" erkunden

Fischmarkt: Häuser/Rathaus fotografieren

Zoo: Tiere zeichnen

Dom/Severi-Kirche: die Stufen der Freitreppe zählen

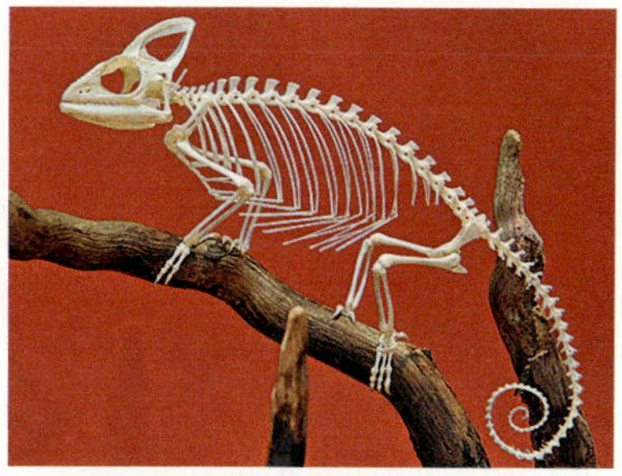

Im Naturkundemuseum sind Pflanzen und Tiere Thüringens, aber auch der Welt zu sehen.

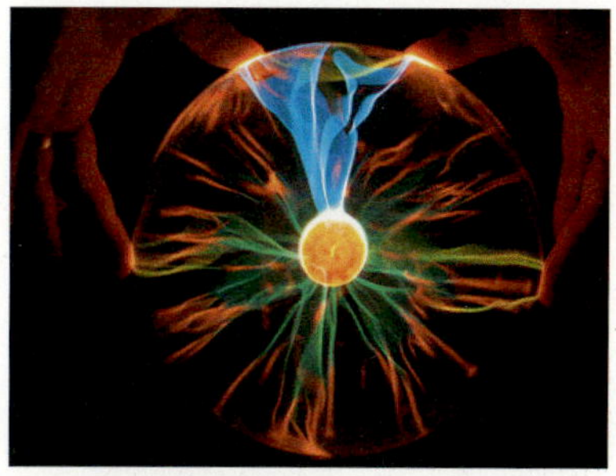

In der Explorata-Mitmachwelt in Zella-Mehlis können Kinder staunen, forschen und selbst experimentieren.

Einen Flyer gestalten

- Sammelt Material über Erfurt.
- Faltet den Flyer.
- Legt eine Seitenfolge fest: Titel, Geschichte, die Stadt heute … oder: der Flyer als Zeitleiste.
- Wählt Fotos aus, schreibt Texte.
- Gestaltet mit eurem Material den Flyer.

1 Halte mit Hilfe deines Flyers einen Kurzvortrag.

Unterwegs in unserem Land …

Damit du dein Bundesland besser kennen lernst, findest du auf diesen und den folgenden Seiten interessante Themen. Du kannst sie auswerten, ergänzen oder ähnliche Themen selbst erarbeiten.

Deutschlands längster und sehr beliebter Fernwanderweg ist der Rennsteig über die Gebirgskämme von Thüringer Wald, Thüringer Schiefergebirge und Frankenwald. Er ist etwa 170 km lang und führt von Hörschel bei Eisenach bis nach Blankenstein im nördlichen Frankenwald.
Zu beiden Seiten des Kammweges liegen tiefe Täler. Bäche und Flüsse haben sie einst geformt. „Rennsteige" nannte man früher Höhenwege in Gebirgen, auf denen Kuriere, Läufer und Reiter schnell in andere Orte gelangten. Sie mussten nicht die zum Teil weglosen Täler und die vielen Flüsse und Bäche überqueren. Entlang des Thüringer Rennsteigs gibt es bis heute etwa 1300 alte Grenzsteine. Damit markierten früher große und kleine Landesherren ihre Gebiete. Thüringen war einst stark zersplittert.

Interessante Themen finden

- Schreibt auf Kärtchen, was euch interessiert:
  – Ferienorte im Land
  – Gemälde
  – Alte Bergbahnen
  – Geschützte Tiere
  – Wo Menschen arbeiten
  – Berühmte Leute
  – Wie Stauseen entstehen
  – Sagen aus Thüringen
- Wählt Themen aus.

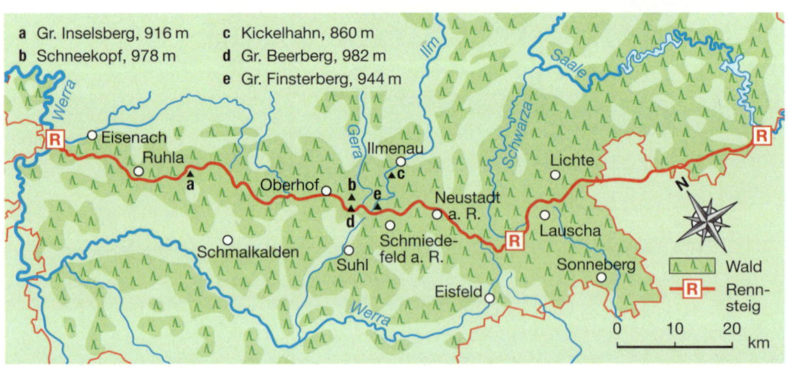

Eine Region vorstellen, ausgewählte Aspekte für den regionalen Lebensraum erörtern: Verkehrswege, Wirtschaft; sein Land in seiner Besonderheit und Schönheit annehmen

AH S. 25, 26

S. 4, S. 5

… am Rennsteig entlang

Ein Thema bearbeiten

- Notiert Fragen.
- Sammelt: Karten, Fotos … Berichtet.
- Sucht Stichwörter im Internet.
- Stellt Fragen: an Einwohner, in Bibliotheken, Museen … Macht dazu Notizen.
- Schreibt Texte, fotografiert, zeichnet.
- Präsentiert eure Ergebnisse als Poster, als Sammelordner, in einer Ausstellung im Schulhaus oder in einem Vortrag.

Der Rennsteig ist im Winter ein beliebter Ski-Wanderweg. Zwischen Oberhof und Masserberg liegt auch in milden Wintern genügend Schnee. Im Wintersportzentrum Oberhof finden internationale Wettkämpfe im Rennrodeln, Bobfahren, Skispringen, Langlauf und Biathlon statt. Von hier kommen Weltmeister und Olympiasieger des Wintersports.
Nahe dem Rennsteig, in Ilmenau, Lauscha, Rauenstein, Ruhla, Schmalkalden, Steinheid oder Suhl werden Produkte aus alter Tradition hergestellt, manche noch aus heimischen Rohstoffen.

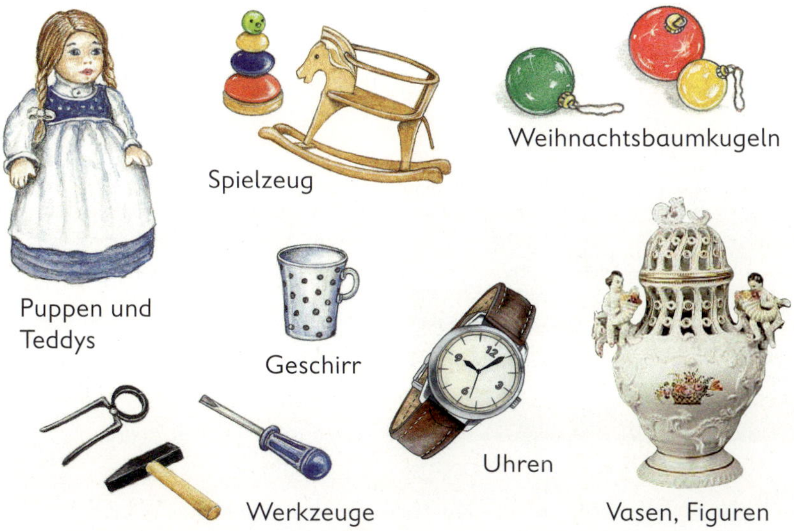

Die erste Glashütte wurde 1597 in Lauscha gebaut. Glas aus Thüringen wurde weltbekannt: Baumschmuck, Glasaugen, Thermometer, Laborgeräte …

1 Erkunde, welche heimischen Rohstoffe für Thüringer Produkte verwendet werden.

Unterwegs in unserem Land ...

KYFFHÄUSERWEG

Durch das Kyffhäusergebirge, das kleinste Gebirge in Deutschland, kann man auf dem 37 Kilometer langen Kyffhäuserweg wandern. Im Naturpark ist viel zu entdecken: seltsame Felsen, dichte Buchenwälder, seltene Tiere und Pflanzen, ein 250 Millionen Jahre alter Meeresboden und Sehenswürdigkeiten aus dem Mittelalter, die Burg Kyffhausen oder die Königspfalz Tilleda, einst Residenz reisender Könige und Kaiser. Sie ist heute ein Freilichtmuseum. Alte Bauerngärten und Obstwiesen umringen die Bauernhäuser – schmucke Fachwerkbauten. Es gibt traditionelle Speisen, wie den „Sulfkuchen“, und Apfel- und Kirschsaft von den Obstwiesen. Geoblicke laden ein, weit ins Land zu schauen. Informationstafeln erläutern den Rundblick.

Am Kyffhäuserweg: Archäologen finden bei Ausgrabungen immer wieder solche Zeugnisse des Lebens in früherer Zeit.

Bad Frankenhausen:
Im Panorama Museum stellt das Rundgemälde mit 3 000 Einzelfiguren das Leben der Bauern im Mittelalter und im deutschen Bauernkrieg dar. Der Anführer des Aufstandes, Thomas Müntzer, wurde 1525 bei Frankenhausen gefangen genommen.
Das 123 m lange und 14 m hohe Bild malte der Künstler Werner Tübke in etwa 12 Jahren.

1 Informiere dich über eine Sehenswürdigkeit am Kyffhäuserweg. Stelle sie vor.

AH S.25–30

… auf dem Kyffhäuserweg

Barbarossa heißt Rotbart, italienisch barba (der Bart), rossa (rot).
Jährlich besuchen viele Touristen das Kyffhäuser-Denkmal.

In der Nähe der Kur- und Salzstadt Bad Frankenhausen steht auf den Ruinen der alten Burg Kyffhausen das 81 m hohe Kyffhäuser-Denkmal.
Wer die 247 Stufen in die Turmkuppel hinauf steigt, kann rundum ins Land schauen.
Die 6,5 m hohe Sandsteinfigur stellt Kaiser Friedrich I., Barbarossa genannt, dar. Er starb auf einem Kreuzzug. Doch es ging das Gerücht, dass er noch am Leben wäre. So entstand die Sage, dass er verzaubert in einem unterirdischen Schloss im Kyffhäuserberg schläft und auf seine Rückkehr wartet. Alle hundert Jahre erwacht er und fragt seinen Zwerg Alberich: „Fliegen die Raben noch um den Berg?“ Solange sie fliegen, antwortet der Kaiser: „Nun muss ich noch hundert Jahre schlafen.“ Erst wenn sein roter Bart um den Tisch aus Stein gewachsen ist, wird ein Adler den Berg umkreisen und die Raben des Unglücks und der Zwietracht vertreiben. Dann wird der Kaiser mit seinen Getreuen sein Schloss verlassen, seinen Schild an einen dürren Baum hängen, der Baum wird grünen und eine bessere Zeit wird kommen.

Hier wird die Fliederkrone auf den Marktplatz gesetzt.

In den Dörfern und Städten am Kyffhäuserweg werden alte Volksfeste gefeiert, zum Beispiel das Fliederfest und das Lichterfest in Bad Frankenhausen oder die Kirmes.

Vor etwa 500 Jahren begannen die Bauern hier mit dem Weinbau, und mit dem Wein kam auch der Flieder aus südlichen Ländern. Der Flieder ist heute weit verbreitet und ein „Markenzeichen“ der „Fliederstadt“ Bad Frankenhausen.
Heute wird die Pflanze mit einem Volksfest gefeiert, zu dem tausende Gäste kommen. Es setzt die alte Tradition der Weinfeste fort, die durch Missernten verschwanden.
Zum Fliederfest wird eine Fliederkrone gesetzt, eine Fliederkönigin gewählt, ein Fliederbaum wird angepflanzt, und es findet ein Fliederumzug statt.

2 Erkunde einen Brauch in deiner Umgebung. Stelle ihn vor.

Unterwegs in unserem Land – Verkehrswege verbinden

Auf Thüringens Straßen und Schienen werden Waren und Rohstoffe transportiert. Auf schnelle Verkehrsverbindungen sind auch viele Menschen angewiesen, die weite Wege zu ihren Arbeitsstellen haben.
Die Besucher des Landes können auf den gut ausgebauten Straßen, Rad- und Wanderwegen bequem die Thüringer Sehenswürdigkeiten erreichen.

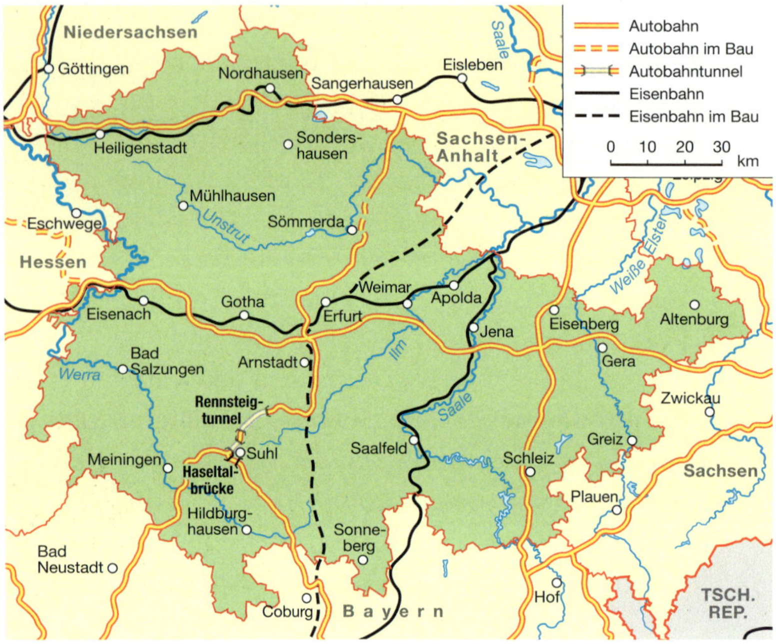

Die neuen Autobahnen verbessern die Verbindungen innerhalb des Landes und in die nördlichen und südlichen Nachbarländer. Die Thüringer Wald-Autobahn zwischen Arnstadt und Meiningen ist eine technische Meisterleistung: Dafür musste man durch die fast 1000 m hohen Berge des Thüringer Waldes Tunnel bauen und mehrere schluchtenförmige Täler überbrücken.
Etwa 8 km führt der Rennsteigtunnel den Verkehr unter dem Thüringer Wald hindurch. 845 m lang ist die neue Haseltalbrücke bei Suhl. In der Mitte überspannt sie in 82 m Höhe und über 175 m Länge ein großes Gewerbegebiet.
Der Autobahnbau hat aber auch Gegner. Sie befürchten, dass Landschaft, Tiere und Pflanzen Schaden nehmen.

Landwege

Schienen

Straßen

Wasserwege

Luftwege

Radler schätzen besonders die vielen Radwanderwege abseits des Straßenverkehrs, wie den Weg durch das Werratal. Sie können Interessantes besichtigen, so das Erlebnisbergwerk in Merkers oder die Märchenhöhle in Walldorf. Der Weg hinauf zur Werraquelle auf über 750 m Höhe ist anstrengend, aber es lohnt sich: Hier kann man sehen, wo ein bekannter Fluss seinen Anfang nimmt.

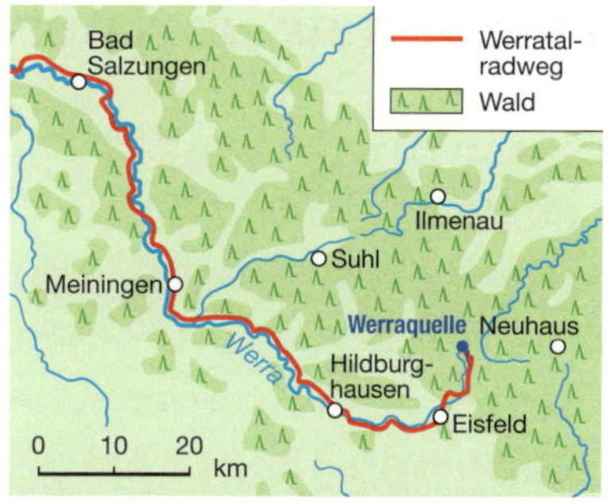

Eine besondere „Straßenbahn“, die Thüringerwaldbahn, fährt von Gotha bis in die Berge des Thüringer Waldes hinein nach Tabarz. Die elektrisch betriebene Bahn fährt fast eine Stunde durch Dörfer, Wiesen, Felder und Wälder. Von einigen Haltestellen führen Wanderwege zu Sehenswürdigkeiten, zum Beispiel zur Marienglashöhle. Sie ist eine der schönsten und größten Kristallgrotten Europas.

Die Oberweißbacher Bergbahn versetzt jeden Besucher in Erstaunen. Auf dem 1360 m langen Weg von der Talstation zur Bergstation überwindet sie einen Höhenunterschied von über 320 m. Keine Lok der Welt könnte eine solche Steigung überwinden. Die Wagen der Standseilbahn hängen an Stahlseilen, sie leiten einen Wagen bergab, den anderen bergauf. 18 Minuten dauert eine Fahrt durch das schöne Schwarzatal.

Das schnellste Verkehrsmittel ist das Flugzeug. In wenigen Stunden erreicht man vom Flughafen Erfurt-Weimar weit entfernte Ziele. Die meisten Flugzeuge fliegen Touristen in südliche Urlaubsländer. Auch Frachten werden befördert, und manchmal landen hier Flugzeuge der Bundeswehr.
Im Jahr 2010 nutzten 323 741 Passagiere den Flughafen.

1 Informiert euch über Verkehrswege in Thüringen. Nutzt das Internet. Gebt Suchwörter ein: Thüringerwaldbahn, Oberweißbacher Bergbahn, Brandleitetunnel, A 71, Werraradweg. Ihr könnt Bilder und Texte ausdrucken.

2 Was sollten Verkehrsplaner im Land ändern?

Hergestellt in Thüringen

- Solarzellen, Solaranlagen
- Werkzeugmaschinen, Kräne
- PKWs, Fahrzeuge
- Plüschtiere, Modelleisenbahnen
- Nachrichtentechnik, Elektromotoren
- Geschirr, Christbaumschmuck

Industrie | Einzelhandel | Dienstleistung

Die Wirtschaft Thüringens

Das Land ist eins der ältesten Wirtschaftsgebiete Europas. Weil hier viele Handelswege von Süd nach Nord und von West nach Ost führten, siedelten sich entlang der alten Straßen Handwerk und Gewerbe an. Heute gibt es in Thüringen vor allem kleine und mittlere Unternehmen.
Viele stellen seit langem optische Geräte, Erzeugnisse aus Glas, Porzellan, Metall, Holz sowie Automobile her.
Neu sind Unternehmen der Kunststoff- und Solarindustrie sowie der Medizintechnik.
Einige größere Betriebe bauen Maschinen und Fahrzeuge.

1 Welche Industriezweige haben sich in Thüringen entwickelt? Finde Standorte auf der Karte.

2 Welche Industrie ist in deiner Umgebung angesiedelt? Informiere dich auch im Internet.

Jena – ein starkes Wirtschaftsgebiet

Über das Hermsdorfer Kreuz ist Jena aus allen Richtungen schnell zu erreichen.
Seit Jahrzehnten sind hier Wissenschaft, Technik und Forschung zu Hause. An der Friedrich-Schiller-Universität, der Fachhochschule und an Instituten studieren über 20 000 Studenten aus Deutschland und dem Ausland. Wissenschaftlerinnen und Wissenschaftler forschen über Nanooptik und Umwelttechnik.
Optische Geräte aus Jena haben Weltruf: Mikroskope, Planetarien, Teleskope, Kameras, auch Spezialkameras für die Weltraumforschung. Großen Anteil daran hatten einst der Unternehmer Carl Zeiss, der Wissenschaftler Ernst Abbe und der Glastechniker Otto Schott.
In Jena gibt es das weltälteste Planetarium und das sehenswerte Optische Museum.

3 Erkunde: Was baute Carl Zeiss? Was entwickelte er zusammen mit Ernst Abbe und Otto Schott?

Sich im Raum orientieren, mit Karten arbeiten, Legende erklären, Besonderheiten und deren Bedeutung für die Region erklären, Leistungen von Menschen respektieren

AH S.33 S. 4, S. 5

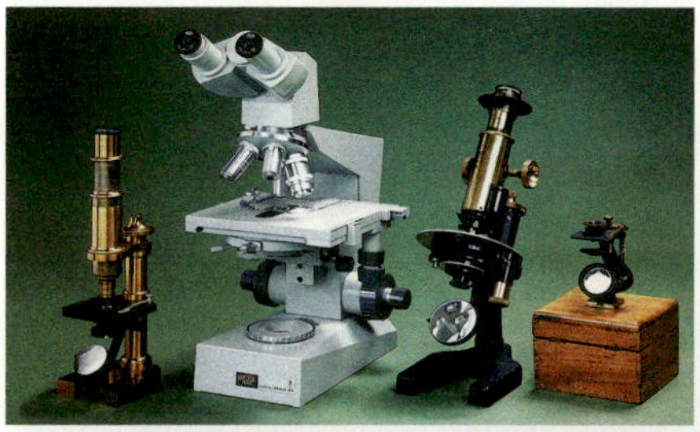

Verkehr Handel Technologie Handwerk

Wirtschaftsstandort Erfurt

In Erfurt gibt es etwa 13 000 Unternehmen. Etwa 100 produzieren Maschinen, Generatoren und Schaltanlagen, einige davon sind Großbetriebe. In Erfurt baut man Großpressen: haushohe Anlagen, die aus Blechen Karosserien für Fahrzeuge formen. Alles bewegt sich wie von Geisterhand, computergesteuert. Einst wurden hier Blechscheren und Lochstanzen hergestellt, damals noch mit Muskelkraft.
Lebensmittelfirmen stellen Malz, Teigwaren und Milch her oder verarbeiten Fleisch.
In Gewerbegebieten siedeln sich kleinere Firmen an: Gartenbaufirmen züchten und exportieren Blumensamen. Logistikfirmen steuern, was Betriebe zum Herstellen und Ausliefern von Produkten brauchen.
Erfurt ist eine Stadt der Kindermedien und eine Solarstadt.

4 Informiert euch: Wozu dient das KinderMedienZentrum Erfurt? Warum ist Erfurt eine Solarstadt?

An vielen Orten – Handwerk und Gewerbe

Seit Jahrhunderten produziert in Thüringen eine Industrie mit Erfindergeist und Fleiß weltbekannte Produkte: Glaserzeugnisse in Lauscha und Jena, Porzellanprodukte in Volkstedt, Lichte, Kahla, Merkers …
Die dafür notwendigen Rohstoffe, Kaolin und Quarzsand, kommen aus Thüringer Erde. Früher wurde als Brennstoff zur Herstellung von Glas und Porzellan Holz aus Thüringer Wäldern genutzt.
Porzellanmasse wird heute aus Rohstoffen zuerst geformt und dann elektronisch gebrannt. Produkte sind: Geschirr, Schmuck, Wasch- und Toilettenbecken, Isolierkörper an Zündkerzen und elektrischen Anlagen. Glasbläser erhitzen und schmelzen den Rohstoff heute mit Glasbrennern. Dann formen sie die etwas abgekühlte Glasmasse.

★ Findet heraus, welche Produkte heute von Glasbläsern hergestellt werden. Notiere sie in eine Liste.

Von der Landwirtschaft in Thüringen

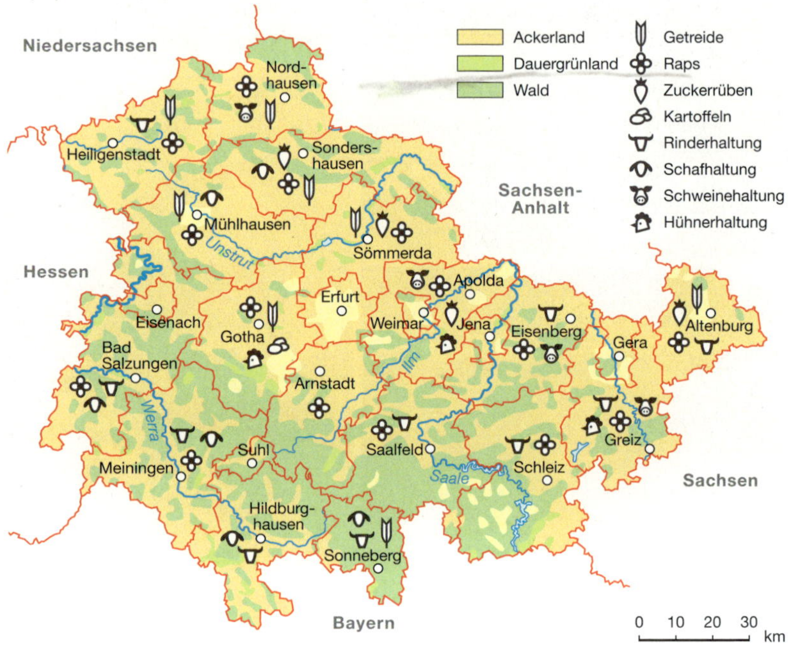

1 Welche Produkte werden aus diesen Pflanzen hergestellt? Beispiel: Raps → Öl

2 Welche Kulturen werden in deiner Region angebaut?

Viel Gelb auf den Feldern

Die Hälfte der Fläche Thüringens wird landwirtschaftlich genutzt. Vorwiegend wird Getreide angebaut, vor allem Winterweizen und Wintergerste. Kartoffeln und Zuckerrüben werden kaum noch angebaut, dafür sind immer mehr Rapsfelder zu sehen. Aus Raps wird wertvolles Pflanzenöl für unsere Ernährung gewonnen. Es wird aber auch zu Biodiesel für Kraftfahrzeuge verarbeitet.

Färberwaid

Thüringer Tradition – Sämereien und Pflanzenzucht

Seit über 130 Jahren kommen aus Erfurt und Umgebung Samen und Pflanzen. Auf großen Flächen wächst neues Saatgut heran, über 1 000 Sorten.

Einst hat eine Pflanze der Stadt Erfurt zu Reichtum und Wohlstand verholfen: der Waid. Aus seinen Blättern wurde ein Pulver hergestellt, das als Blaufärbemittel diente. Die Erfurter beherrschten das meisterhaft. Dann geriet die Pflanze in Vergessenheit. Andere Färbemittel konnten billiger gewonnen werden.

Heute gewinnt der Waid wieder an Bedeutung: Aus dem nachwachsenden Rohstoff werden Holzanstriche sowie Mittel zum Färben und zur Hautpflege hergestellt.

Fressen Kühe saftige Wiesengräser, enthält ihre Milch mehr wertvolle Inhaltsstoffe, wie Vitamine und Mineralien.

Der Weg der Milch in die Verpackung

Nutztiere und Landschaftspfleger

Am häufigsten werden in Thüringen Rinder und Schweine gehalten, aber auch die Schafhaltung hat lange Tradition. Man nennt Schafe „Pfennigsucher", weil die Wiederkäuer bei der Futtersuche genügsam sind. Früher waren diese Tiere unentbehrlich für den Lebensunterhalt: Sie lieferten Wolle für Kleidung, Milch und Fleisch für die Ernährung. Heute sind ziehende Schafherden unersetzlich bei der Landschaftspflege. In ihrem Fell transportieren die Schafe Samen und kleine Tiere und verbreiten dadurch seltene Tiere und Pflanzen. So tragen sie dazu bei, dass sich wertvolle Pflanzengesellschaften bilden können.

Thüringer Spezialitäten

Eine leistungsstarke Ernährungsindustrie liefert Produkte, die über die Grenzen des Landes bekannt sind, wie Mühlhäuser Pflaumenmus oder Greußener Wurstwaren. Zu den Spezialitäten gehören auch Thüringer Klöße und Thüringer Rostbratwurst, Teigwaren, Senf und vieles andere. Seit einigen Jahren lebt die Produktion von Heil- und Gewürzpflanzen wieder auf. Thüringen steht hier an der Spitze in Deutschland.

3 Gestalte einen Vortrag:
Wie kommt die Milch in die Verpackung?

Burgen, Schlösser, Denkmäler, Gedenkstätten

Auf der Wartburg soll im 12. Jahrhundert ein „Sängerkrieg" stattgefunden haben. 1521 übersetzte hier Martin Luther die Bibel und soll den Teufel verjagt haben.

Goethe mit einem Lorbeerkranz, daneben der 10 Jahre jüngere Schiller mit einer Schriftrolle

Die 300 km lange Klassikerstraße führt durch Städte, in denen bedeutende Persönlichkeiten eine Zeit lang gelebt und gewirkt haben, so die Dichter Johann Wolfgang von Goethe und Friedrich Schiller in Weimar und Jena oder der Komponist Johann Sebastian Bach in Eisenach. An der Straße gibt es viele Denkmäler und Museen über diese Personen, aber auch interessante Sehenswürdigkeiten, wie:

Augustinerkloster Erfurt

Herzogin Anna Amalia Bibliothek Weimar

Botanischer Garten Jena

Porzellan aus Rudolstadt

Schillerhaus Weimar

Altstadt in Arnstadt

Burg Gleichen

Schwanenbrunnen Meiningen

1 Informiere dich über eine Burg, ein Schloss, ein Denkmal oder eine Gedenkstätte. Berichte.

In der Stadt Weimar erinnert aber auch ein Mahnmal an eine schreckliche Zeit in der deutschen Geschichte. Nur wenige Kilometer entfernt auf dem Ettersberg befand sich in der Zeit von 1937 bis 1945 das berüchtigte Konzentrationslager Buchenwald. 1958 wurde dort eine Gedenkstätte eröffnet und ab 1991 neu gestaltet. Erschütternde Dokumente belegen das Schicksal tausender Häftlinge aus vielen Ländern Europas. Auch Kinder waren darunter. Wie eines dieser Kinder vor den Aufsehern geschützt wurde, erzählt der Schriftsteller Bruno Apitz in einem Roman. Er war selbst Häftling in diesem Lager und überlebte, wie auch der Junge.

Seinen Lebensraum (Thüringen) wertschätzen: Entstehung und Entwicklung ausgewählter Sehenswürdigkeiten; Besonderheiten der Umgebung und ihre Bedeutung erklären

AH S.35

Feste und Bräuche

Alljährliche Veranstaltungen, wie der Karneval in Wasungen und der Zwiebelmarkt in Weimar, sind beliebte Ausflugsziele.

Wie in Thüringen alte Bräuche weiterleben, zeigen besonders die Hochzeiten. Auf dem Lande sind sie auch heute noch ein freudiges Ereignis, an dem meist das ganze Dorf Anteil nimmt.
In manchen Gegenden wurde Wert darauf gelegt, bei zunehmendem Mond zu heiraten. Das versprach Glück, Wohlstand und viele Kinder.
In der Gegend um Hildburghausen trugen Dorfbewohner zum Gelingen des Hochzeitsfestes bei. Sie brachten Backzutaten ins Hochzeitshaus. Daraus entstand eine kleine Feier, die man „Hühnerhochzeit" nannte.
In vielen Orten wurde der Hochzeitszug nach der Trauung durch ein Seil aufgehalten, das Kinder über den Weg der Brautleute hielten. Daran waren Babysachen befestigt. Erst wenn der Bräutigam Geld unter die Menge geworfen hatte, konnte der Zug seinen Weg nach Hause fortsetzen.
Bevor das Paar das neue Heim betrat, musste es nicht selten gemeinsam ein Stück Holz durchsägen. Das sollte die Brautleute daran erinnern, alle Arbeiten fortan gemeinsam zu tun.

Auch der Tod eines Menschen ließ Bräuche entstehen, von denen manche noch heute üblich sind.
In der Thüringer Rhön endete die Trauerfeier bei Speise und Trank. Essen und Trinken sollten über das Leid hinweg helfen. Etwas derb nannte man das: „Das Fell versaufen."
Mit dem Tod war auch viel Aberglaube verbunden. Wer einen Trauermantel fliegen sah, hatte in seiner Umgebung einen Todesfall zu erwarten.
In Nordthüringen befürchtete man den Tod eines jungen Menschen, wenn Störche oder Schwalben Jungtiere aus dem Nest warfen.

1 Stelle einen Brauch vor, der sich bis heute in deiner Region erhalten hat. Warum wird der Brauch gepflegt?

Mit dem heimlich befestigten Kinderwagen wünschte man dem Paar viele gesunde Kinder.

Trauermantel

Geschützte Landschaften – Nationalpark Hainich

Unser Land ist reich an Naturschönheiten mit einer wunderbaren Tier- und Pflanzenwelt. 264 Gebiete wurden deshalb unter besonderen Schutz gestellt.

Nationalpark
Ein Nationalpark ist ein großflächiges Gebiet mit besonders wertvoller Naturlandschaft. Pflanzen und Tiere sollen möglichst wenig von Menschen beeinflusst werden.

Schutzgebiete in Thüringen

- Naturschutzgebiete
- Naturparks
- GeoParks
- Biosphärenreservate
- Nationalpark Hainich

Die nationalen Naturlandschaften in Thüringen

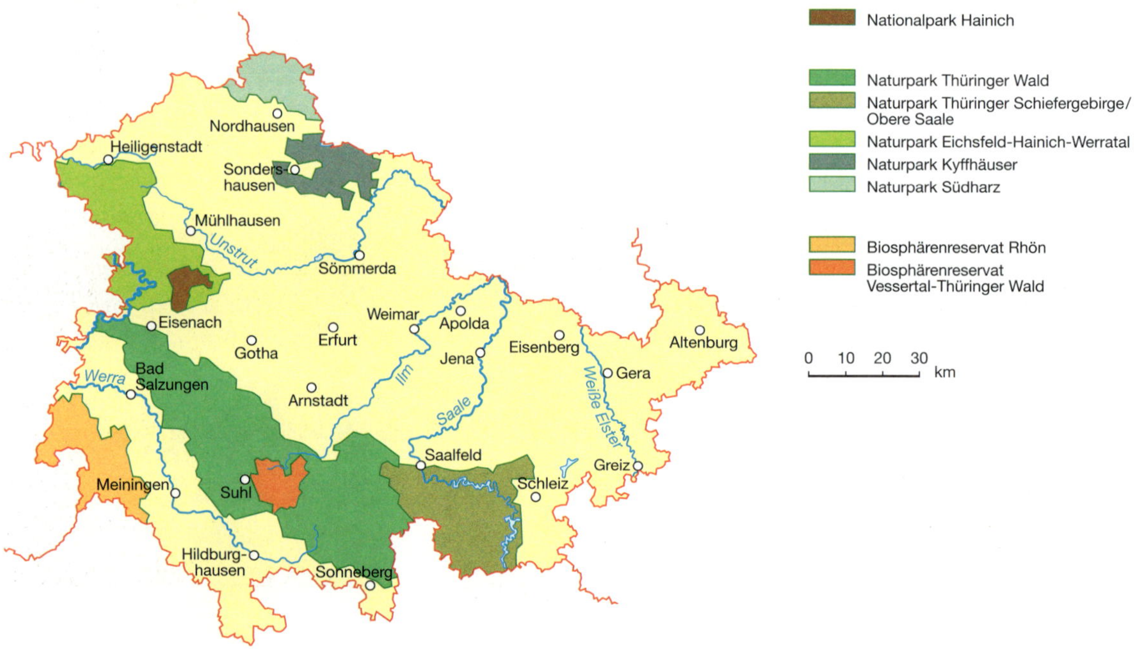

Was darf man in einem <u>Schutzgebiet</u>?
An den Eingängen und innerhalb des Gebietes stehen Hinweistafeln. Sie informieren Besucher über Besonderheiten des Schutzgebietes. Sie zeigen an, welche Wege erlaubt sind. Symbole weisen auf Tiere und Pflanzen, die unter Naturschutz stehen. Hier dürfen Tiere nicht gestört werden. Und niemand darf die Pflanzenwelt verändern.

1 Informiert euch über Schutzgebiete in der Nähe eures Schulortes.

★ Was könnt ihr in einem Gebiet entdecken? Plant eine Exkursion.

Seinen Lebensraum (Bundesland Thüringen) wertschätzen; mit der Karte arbeiten, Kenntnisse auf ausgewählte Landschaften Thüringens übertragen

Der Nationalpark Hainich

Der Hainich – ein großer, bewaldeter Höhenzug – erstreckt sich zwischen Mühlhausen, Eisenach und Bad Langensalza. Uralte Laubwälder, so weit das Auge reicht. Hier haben Tiere und Pflanzen überlebt, die andernorts ausgestorben oder sehr selten geworden sind, wie die Wildkatze, der Uhu, die Türkenbundlilie oder die Akelei. Hier kann man sie vielleicht entdecken und beobachten. Der Wald bleibt größtenteils sich selbst überlassen. Alte Bäume sterben ab und zerfallen langsam zu Humus, junge Bäume wachsen nach. Im Nationalpark werden keine neuen Straßen und Fabriken gebaut. Die Landwirtschaft verzichtet möglichst auf künstlichen Dünger. Im Jahr 2011 hat die UNESCO eine große Fläche des Nationalparks zum Weltnaturerbe „Alte Buchenwälder Deutschlands“ erklärt.

Uhu

Die Europäische Wildkatze ist sehr selten und streng geschützt. Ihr buschiger Schwanz ist am Ende rund und hat oft drei schwarze „Kringel“. Das dichte Fell ist gestreift. Um ihre wenigen Lebensräume zu verbinden, legt man bepflanzte Korridore an.

Der Uhu ist die größte Eulenart. Sein hellbraunes Gefieder zeigt dunkle Streifen. Der dicke Kopf hat Federohren, die Augen sind orangegelb. Nachts jagt er Igel, Mäuse, Vögel, Kaninchen, Feldhasen … Unverdauliche Reste würgt er als Gewölle aus.

S. 12

Radwandern im Nationalpark Hainich

An Radwanderwegen gibt es viel zu sehen, so auch an der „Roten Route“.

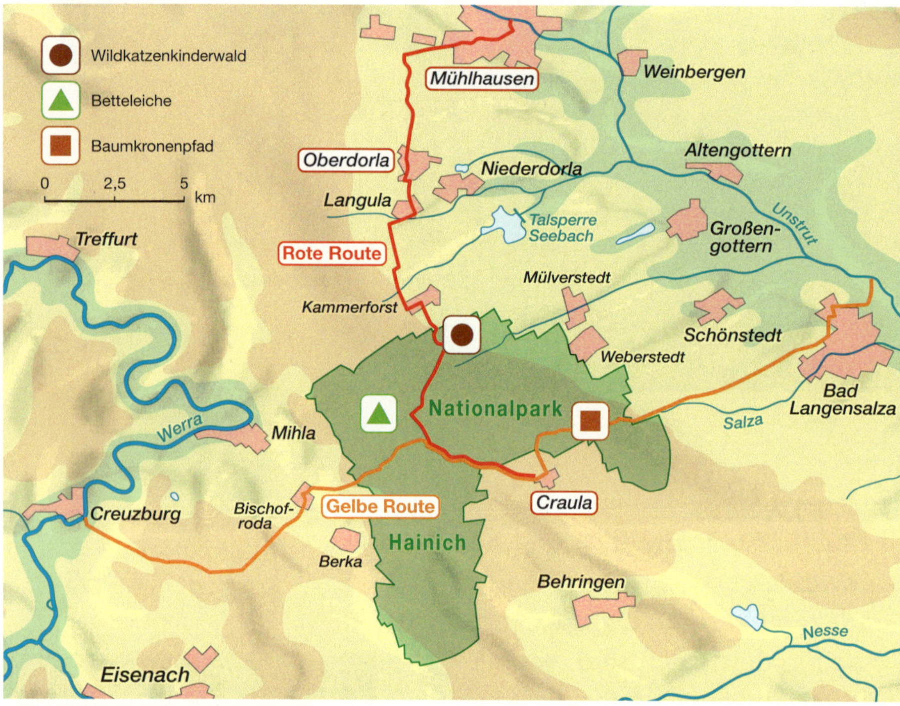

Auf dem Baumkronen-pfad nahe Craula

Maiglöckchenhähnchen, eine der 500 Käferarten im Hainich

Auf der Roten Route: 22 km von Craula nach Mühlhausen, leicht abfallend

800 Jahre alte Betteleiche: Einst schlugen Mönche eine Kerbe für Spenden und Bittgebete in den Stamm.

Wildkatzenkinderwald in Kammerforst: Holzplastiken, Kriechtunnel Kletterlabyrinth, Tiere und Pflanzen im Hainich

Oberdorla: Im Freilichtmuseum ist eine sehr alte Siedlung zu sehen. Im Ort ist der größte Dorfanger Thüringens.

Die alte Stadtmauer in Mühlhausen: Sie war einst 2,7 km lang und hatte sieben Doppeltore und 38 Wehrtürme.

1 In welchem Landesteil liegen der Nationalpark Hainich und die Rote Route? Siehe auch Seite 80.

2 Stellt in einem Flyer einen Radweg in der Nähe eures Ortes vor.

★ Plane eine Radtour mit deiner Familie. Nutze Karten und das Internet. Beachte Himmelsrichtungen, Entfernungen, Zeitplan, Stopps, Sehenswürdigkeiten …

Eine Region vorstellen, ausgewählte Aspekte erörtern: Verkehrswege, Sehenswertes; sein Land als Heimat in seiner Besonderheit und Schönheit annehmen

S. 4, S. 5

Radausflug oder Autotour?

Dieses Plakat zeigt einen Cluster. Es regt zum Nachdenken an.

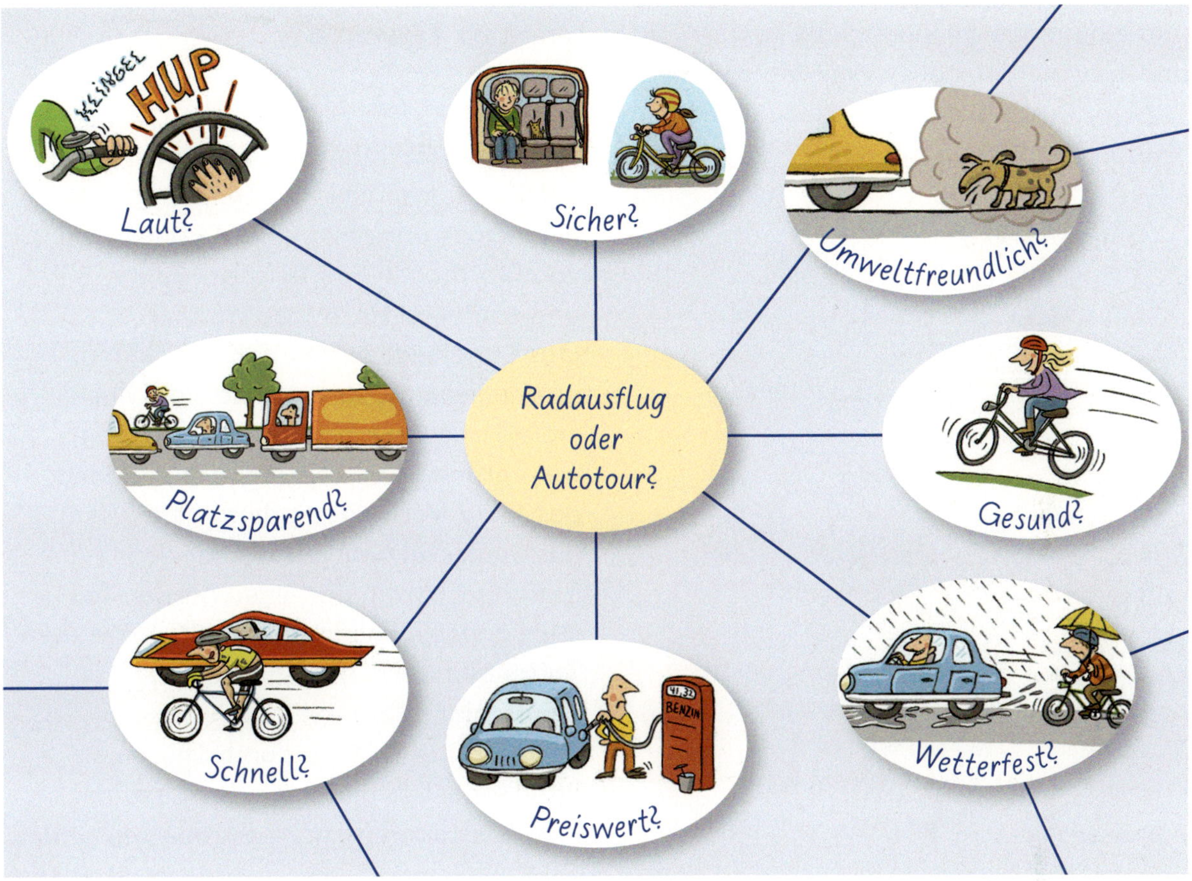

1 Diskutiert zu den Fragen. Mit welchen Antworten würdet ihr den Cluster ergänzen?

2 Erstellt zu den Vor- und Nachteilen dieser Verkehrsmittel zwei Tabellen. Nutzt das Plakat. Findet selbst noch Beispiele.

Auto fahren

Vorteile des Autofahrens	Nachteile des Autofahrens
• Autoheizung wärmt in kalter Jahreszeit •	• Parkplatzsuche •

Fahrrad fahren

Vorteile des Radfahrens	Nachteile des Radfahrens
• Bewegung an frischer Luft •	• begrenzter Stauraum •

Ökologische und ökonomische Kriterien von Verkehrsmitteln vergleichen: Leistungsfähigkeit, Schnelligkeit, Umweltfreundlichkeit, Kosten

S. 14, S. 15

Thüringen in der Welt

Der Freistaat Thüringen ist dein Heimatland. Reisende lernen schöne Landschaften, viele Sehenswürdigkeiten, traditionelles Handwerk und eine moderne Wirtschaft kennen. Thüringen ist für Einwohner und Touristen aus aller Welt ein vielfältiges Land.

Thüringen in Deutschland

Thüringen ist unter den 16 Bundesländern der Bundesrepublik Deutschland ein kleines Bundesland. Die Entfernung von Nord nach Süd beträgt 160 km und von West nach Ost 195 km.
Das Land liegt mitten in Deutschland, also in seinem Herzen, und sieht auch ein bisschen wie ein Herz aus. Es gibt viele grüne Landschaften: das Vogtland, das Harz-Vorland mit dem Kyffhäuser, das Saale-Tal, vor allem aber den Thüringer Wald, der einen großen Teil des Landes einnimmt. Deshalb nennt man Thüringen auch „Das grüne Herz Deutschlands".
Schon früher führten durch Thüringen alte Handelsstraßen, die das Land mit Handelsstädten in ganz Europa verbanden.

Die Bundesrepublik Deutschland ist ein Staat auf dem Erdteil Europa und von neun Nachbarstaaten umgeben:

A Belgien
B Dänemark
C Frankreich
D Luxemburg
E Niederlande
F Österreich
G Polen
H Schweiz
I Tschechische Republik

Die Staaten Europas sind durch ihre Geschichte, Kultur, Wirtschaft und Politik eng miteinander verbunden.

Sich im Raum und auf der Karte orientieren: Bundesland Thüringen, Bundesrepublik Deutschland, Europa; Medien erschließen, auswählen, verwenden

AH S. 37, 38

S. 4, S. 5

Zusammenhängende Landmassen der Erde werden Erdteile oder Kontinente genannt. Asien und Europa gelten als zwei Kontinente, obwohl sie zusammen auf einer Landmasse liegen.

1 Asien
2 Afrika
3 Nordamerika
4 Südamerika
5 Antarktika
6 Europa
7 Australien/Ozeanien

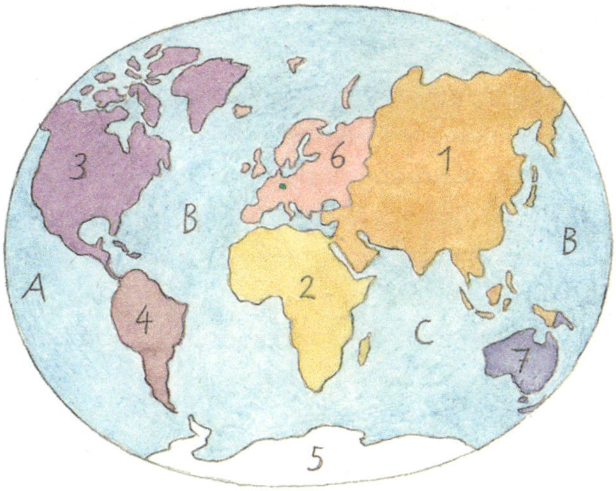

Den Rest der Erde bilden Ozeane, Meere und Inseln

A Pazifischer Ozean
B Atlantischer Ozean
C Indischer Ozean

Thüringen ist auf der Weltkarte nur ein winziger Punkt. Doch das Land ist mit der ganzen Welt verbunden: die Wirtschaft, die Kultur, die Natur, das menschliche Zusammenleben.

Export: Personenkraftwagen aus Thüringen sollen auch in Chile, in China und Australien verkauft werden.

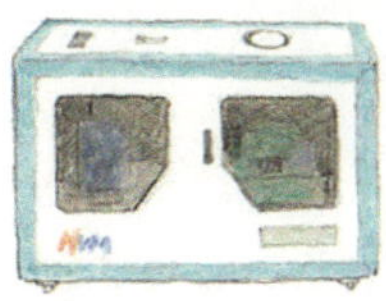

Import: China liefert nach Thüringen moderne Büromaschinen und automatische Datenverarbeitungsmaschinen.

Im Thüringer Kultursommer zeigen Künstler aus England, aus der Türkei, Portugal und anderen Ländern ihr Können.

In Thüringer Grundschulen lernen Kinder aus unterschiedlichen Familien: deutschen, kroatischen, vietnamesischen, russischen …

In der Hilfsorganisation „Ärzte ohne Grenzen“ helfen Ärzte aus Thüringen Menschen, die durch Kriege oder Hungersnöte in Not geraten sind.

Wenn in südlichen Ländern zu viel Regenwald gerodet wird, wirkt sich das auf das Wetter in der ganzen Welt aus, auch auf das Wetter in Thüringen.

1 Reise auf einem Globus oder einer Weltkarte mit dem Finger um den Erdball. Finde Kontinente und Ozeane, Deutschland und Thüringen.

2 Finde weitere Beispiele zum Thema „Thüringen in der Welt“.

Geprüft und sicher – Rad und Radfahrer

Regeln für Radfahrer:
Bis 8 Jahre musst du auf dem Gehweg fahren.
Bis 10 Jahre darfst du noch den Gehweg benutzen.
Ab 11 Jahre fährst du als Radfahrer gleichberechtigt im Straßenverkehr, neben Bussen, LKWs oder PKWs. Hier muss jeder die Straßenverkehrsordnung kennen und anwenden, damit es zu keinem Unfall kommt.
Dennoch: Fahre vor allem auf Radwegen, Fahrrad- oder Nebenstraßen. Bleibe stets aufmerksam!

1 Betrachte das Bild. Was muss jeder Verkehrsteilnehmer wissen und können?

Die Radfahrprüfung vorbereiten

A Mit diesen Teilen ist dein Fahrrad verkehrssicher.
- Finde und zeige die Teile an einem originalen Fahrrad.

1 Vorderradbremse
2 Hinterrad- oder Rücktrittbremse
3 Scheinwerfer
4 weißer Frontreflektor
5 Dynamo

6 Rotes Rücklicht
7 Großflächen-rückstrahler
8 Fahrradpedale mit gelben Rückstrahlern
9 Gelbe Speichen-reflektoren
10 Helltönende Glocke

B • Lies nach und gestalte ein Blatt nach dieser Vorlage.

Was ich bei diesen Verkehrszeichen als Radfahrer beachten muss				
 Halt. Vorfahrt gewähren.	 Vorfahrt gewähren.	 Vorfahrtstraße	 Getrennter Rad- und Gehweg	 Verbot der Einfahrt
				In diese Straße darf ich nicht hineinfahren.

Wichtige Verkehrsregeln entsprechend der STVO nennen, einhalten; Verkehrsteilnahme als Radfahrer, situationsgerecht und vorausschauend handeln, Gefahren erkennen

AH S.39, 40

C So steige ich am Fahrbahnrand auf mein Fahrrad.

Das Rad bereitstellen, beide Pedale waagerecht stellen

Von der Gehwegseite aufsteigen, über die linke Schulter umsehen

Deutliches Handzeichen links geben:
Ich will losfahren.

Reicht die Verkehrslücke aus, mit beiden Händen am Lenker anfahren

- Decke die Texte ab. Beschreibe die Vorgänge mit Hilfe der Bilder.

D

- Wie fährst du an eine Kreuzung mit diesem Zeichen heran?
  – langsam, Fahrzeuge auf der Hauptstraße haben Vorfahrt
  – schnell, ich habe die Vorfahrt, weil ich von rechts komme

E

- Beim Vorbeifahren verlässt du deine Fahrspur, weil eine Baustelle oder ein haltendes Fahrzeug den Weg versperrt. Was ist bei a, b, c, d, e zu tun?

Auf den Gegenverkehr achten

Umschauen

Handzeichen nach links

Am Hindernis vorbeifahren

Handzeichen nach rechts, einordnen

F

- Merke dir diese Verkehrszeichen und Regeln.

Fußgänger und Radfahrer nehmen Rücksicht. Sei als Radfahrer stets bremsbereit.

Fahrzeuge innerhalb des Kreisverkehrs haben Vorfahrt. Achte auf sie beim Einfahren.

Warte am Ende des Radweges, bis die Fahrbahn frei ist. Fahre dann zügig weiter.

Notwendige Schutzmaßnahmen ableiten: Sicherheit, Kleidung, verkehrssicheres Fahrrad; sein Verkehrsverhalten den jeweiligen Verkehrsverhältnissen anpassen

AH S. 39, 40

G An diesen Kreuzungen und Einmündungen regeln weder Verkehrszeichen noch Ampeln die Vorfahrt. Hier gilt die Vorfahrtregel „Rechts vor links“. Vorfahrt hat, wer von rechts kommt. Das gilt nicht für Wald- oder Feldwege.

- Wer hat hier die Vorfahrt? Schneide dir aus Rechenpapier 3 Kästchen aus. Beschrifte sie mit: 1 2 3. Ordne die Kästchen in jedem Bild zu.

Vorfahrt an Ampeln

Halt vor der Kreuzung.

Achtung, gleich wird die Erlaubnis zur Fahrt gegeben.

Der Verkehr ist freigegeben. Beachte Schienenfahrzeuge.

Vor der Kreuzung auf das nächste Zeichen warten.

Der Verkehr ist für Linksabbieger in Richtung des Pfeiles freigegeben.

Vorfahrt-Regelung durch die Polizei

Die Ampel-Regelung ist aufgehoben.

Halt vor der Kreuzung. Der Querverkehr ist freigegeben.

Vor der Kreuzung: Auf das nächste Zeichen warten. Auf der Kreuzung: Kreuzung räumen.

Der Verkehr ist freigegeben.

Zeigt der Polizist dir Brust oder Rücken, musst du auf die Bremse drücken!

Du darfst bei Rot nach rechts abbiegen. Halte an der Haltelinie an. Achte auf Fußgänger und Fahrzeuge.

- Erkläre die Vorfahrt an Ampeln und die Regelung durch die Polizei.

Vorfahrtregelung durch Verkehrszeichen

- Welches Verhalten fordern diese Verkehrszeichen? Nutze StVO und Internet.
- Trainiere für die Fahrradprüfung im verkehrssicheren Raum.

H • Wende Vorfahrtregeln an.

Vorfahrt an Feld- und Waldwegen oder an Grundstücksausfahrten

An vielen Kreuzungen und Einmündungen wird die Regel „rechts vor links“ auch durch andere Vorfahrtregeln ersetzt. Wollen Verkehrsteilnehmer aus einem Feld-, Wald- oder Wiesenweg oder aus einer Grundstücksausfahrt auf eine Straße fahren, müssen sie besonders vorsichtig sein. „Rechts vor links“ gilt hier nicht.

- Wer hat hier die Vorfahrt? Sprich darüber mit einer Partnerin oder einem Partner.

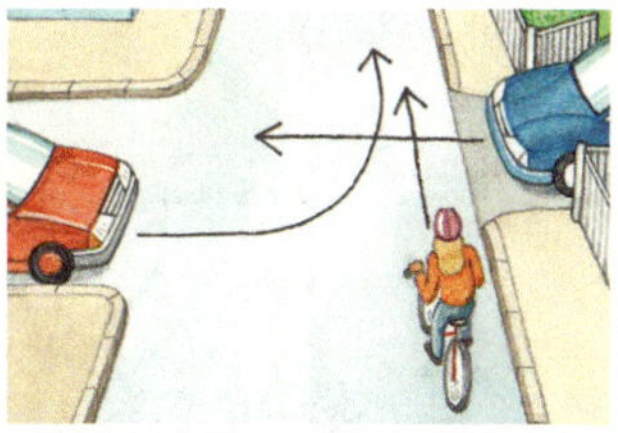

I • Das Linksabbiegen ist für Radfahrer nicht einfach. Bist du unsicher oder ist die Vorfahrtsituation unklar, entscheide dich für diesen einfacheren Weg.

1 Heranfahren
2 Schulterblick (Ist die Straße frei?)
3 Absteigen
4 Rad über die Straße schieben
5 Anfahren vom Fahrbahnrand

J • Betrachte die Bilder. Beschreibe die Gefahren für die Beteiligten.
- Notiere zu jedem Bild: Wie muss jeder hier vorausschauend handeln?

Der Freistaat Thüringen in Deutschland

1 Arbeite mit der Karte. Schreibe zu deinem Bundesland auf: Lage, Grenzen …
Finde die fehlenden Namen der Bundesländer und Landeshauptstädte heraus.

Den Freistaat Thüringen kennen: Lage, Größe, Lage der Landeshauptstadt, Gewässer, angrenzende Staaten und Länder, Ausdehnung

AH S.36

Seltsames und Interessantes

Wie breitet sich Schall aus?
Warum muss ich mich gegen Lärm schützen?
Warum klingen Musikinstrumente unterschiedlich?

Schall breitet sich aus

Mit deiner Stimme, mit Instrumenten oder anderen Gegenständen kannst du Töne, Klänge und Geräusche, sogar einen Knall erzeugen.

Töne, Geräusche, Klänge oder einen Knall nennt man auch Schall. Schall breitet sich von der Schallquelle nach allen Seiten aus, er wird durch die Luft weitergetragen, breitet sich aber auch im Wasser und in festen Körpern aus. Die Ohrmuscheln fangen wie ein Trichter den Schall auf und leiten ihn durch das Innenohr weiter. Wir hören.

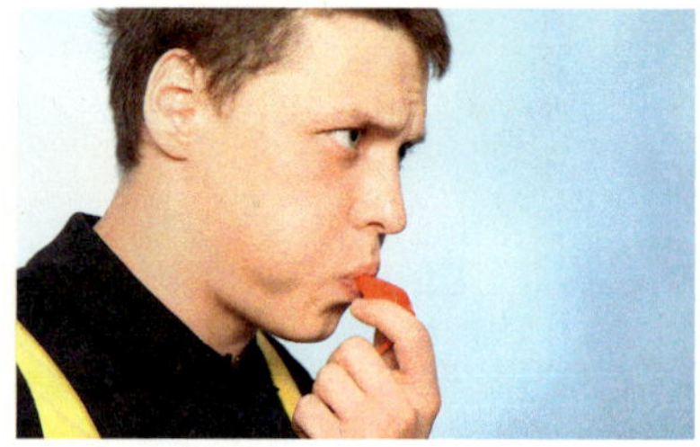

Den Pfiff des Schiedsrichters hören wir sofort. Schall breitet sich mit 340 m pro Sekunde aus.

1 Probiere die Experimente aus. Was stellst du fest? Erfinde selbst Experimente zur Schallübertragung.

Schall breitet sich aus

Verschiedene Schlaginstrumente spielen

Ihr braucht:

Glockenkranz

Triangel

Kugelrassel

Holzblocktrommel

Mit einem Schnurtelefon telefonieren

Ihr braucht:

2 Plastikbecher, eine Schnur

Weckergeräusche erkennen

Ihr braucht:

einen Wecker (wasserdicht verpackt)

einen Eimer mit Wasser

Schall erkennen und wahrnehmen in Verbindung mit Experimenten zur Schallausbreitung in verschiedenen Stoffen

AH S.41

S. 10, S. 11

Verschiedene Geräte können uns helfen, besser zu hören.
Mit anderen Geräten verstärken wir Schall.

Besser hören, lauter sprechen

Mit einem selbst gebauten Hörrohr besser hören

Du brauchst:

Mit einem selbst gebauten Sprachrohr lauter sprechen

Du brauchst:

Mit einem selbst gebauten Stethoskop hören

Du brauchst:

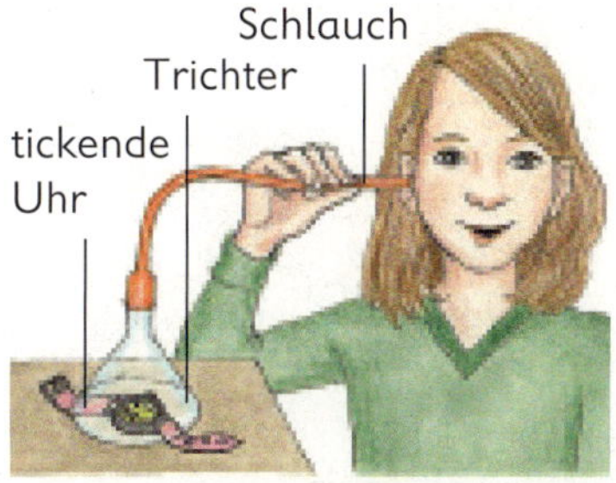

Erste Hörhilfen gab es schon vor 400 Jahren. Sie verstärkten den Schall nur wenig. Moderne Hörgeräte werden genau an die Hörfähigkeit der Träger angepasst.

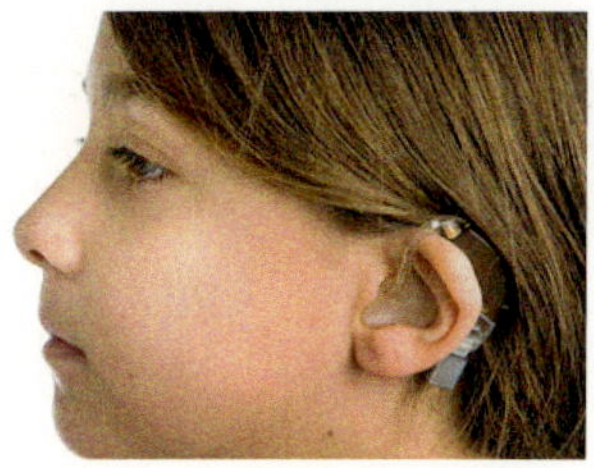

Sehr laute Geräusche sind Lärm. Lärm ist nicht nur unangenehm, er kann sogar wehtun. Auch wenn man ihn nicht empfindet, kann er auf Dauer zu Taubheit führen. Bauarbeiter, die mit dem Presslufthammer arbeiten, tragen einen Gehörschutz. Auch ein MP3-Player kann zum „Presslufthammer" werden. Täglich mehrere Stunden laute Musik genügen, um das Gehör unheilbar zu schädigen. Gegen Lärm kannst du dich aber schützen.

2 Nenne Tätigkeiten, für die du ein gutes Gehör brauchst.

3 Wie könnt ihr euch gegen Lärm schützen? Informiert euch und dokumentiert.

Musikinstrumente vergleichen – Schall unterscheiden

Musikinstrumente klingen nicht nur unterschiedlich, ihre Töne, Klänge und Geräusche (Schall) werden auch unterschiedlich erzeugt.

1 Hört solche Instrumente oder spielt darauf.
Vergleicht ihre Töne, Klänge und Geräusche

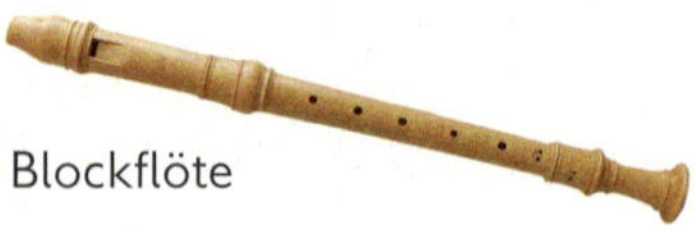
Blockflöte

Violine

Saxofon

Gitarre

Trompete

Handtrommel

Vermutet: Wie werden die Töne, Klänge und Geräusche erzeugt?
Sprecht über eure Vermutungen. Ihr könnt euch auch informieren.

2 Prüft die Angaben in der Tabelle.
Welche sind richtig, welche falsch?
Schreibt die Tabelle mit richtigen Angaben auf.

Musikinstrumente erzeugen Schall

Name des Musikinstruments	Art des Musikinstruments	So entstehen die Töne, Klänge und Geräusche
Blockflöte	Blasinstrument	Eine Membran (ein Fell) aus Tierhaut, Pergament oder Plastikfolie schwingt.
Violine	Zupfinstrument	Saiten aus Naturdarm, Stahldraht oder Kunststoff schwingen.
Gitarre	Streichinstrument	Eine Luftsäule schwingt im Metallrohr.
Trommel	Schlaginstrument	Saiten aus Naturdarm, Stahldraht oder Kunststoff schwingen.
Trompete	Blasinstrument	Eine Luftsäule schwingt im Holzrohr.

3 Geübte Ohren erkennen Instrumente an ihrem Klang.
Erratet Instrumente an ihren Tönen, Klängen und Geräuschen.

Vibration in verschiedenen Materialien (Holz, Metall, Geigen- und Gitarrensaiten, Trommeln) unterscheiden; experimentieren, Vermutungen prüfen und diskutieren

Frühling am Gewässer

Welche winzigen Lebewesen kommen in Gewässern vor?
Wie ist die Seerose an das Leben im Wasser angepasst?
Warum müssen Gewässer geschützt werden?

Der Lebensraum Gewässer

1 Weiden brauchen zum Leben viel Wasser. Ihre Wurzeln wachsen schnell und sind dicht verzweigt. So finden die Bäume Halt im Boden und befestigen zugleich das Ufer.
Weiden blühen im April/Mai.

2 Die leuchtend gelben Blüten der Sumpf-Dotterblume zeigen sich von April bis Juni.
Sie bilden Samen, die auf dem Wasser schwimmen und sich so verbreiten.

3 Im flachen Wasser der Röhrichtzone wachsen Wasserpflanzen, wie Rohrkolben und Schilf. Schilf ist mit dicken Wurzelstöcken standfest im Boden verankert, breitet sich aus und treibt bis zu 4 m hohe Stängel empor. Im Röhricht nisten viele Wasservögel. Unter Wasser laichen Fische und Frösche. Röhricht hält das Wasser rein und verhindert das Ausspülen des Ufers.

4 Der Haubentaucher taucht meist bis zu 45 Sekunden etwa 2–4 m tief nach Fischen und Wasserinsekten. Im Schutz des Röhrichts baut er aus Wasserpflanzen ein schwimmendes Nest. Er brütet 3–4 Eier aus.

Bedeutung und Nutzen der Gewässer für Pflanzen und Tiere erklären,
Beziehungen zwischen den Lebewesen im Lebensraum Gewässer beschreiben …

AH S.43

S. 8, S. 9, S. 12

Zusammenhänge finden

- Zeichne zwei ineinander verschlungene Kreise.

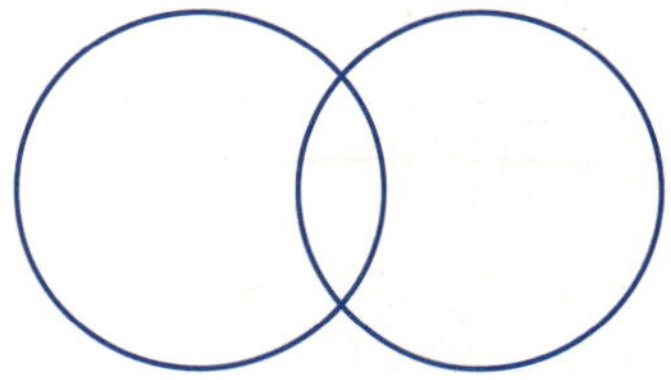

- Schreibe in Kreis 1 den Namen einer Pflanze oder eines Tieres aus der Abbildung.
- Überlege: Warum lebt diese Pflanze oder dieses Tier am oder im Wasser?
- Notiere dazu im Kreis 2 Stichpunkte.

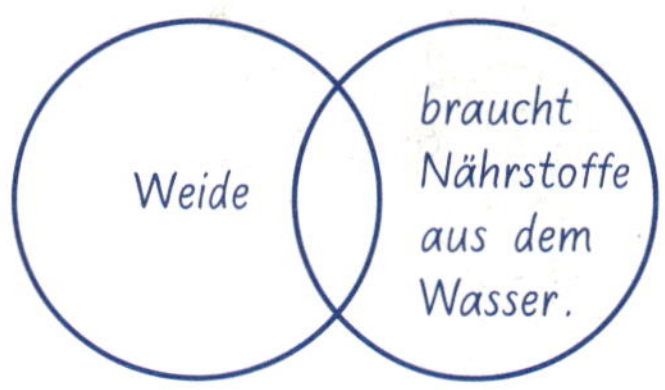

5 Die Rotfeder, ein Friedfisch, ernährt sich von Wasserpflanzen, vor allem von Algen.
6 Der Hecht ist ein Raubfisch. Zwischen den Pflanzen im Uferbereich lauert er auf Beute: Fische, Frösche, Küken von Schwimmvögeln, Wasserratten.
7 Das Tausendblatt bildet auf dem schlammigen Seeboden „Wasserwiesen". Dort finden Fische Unterschlupf und Futter.
8 Die Tellerschnecke ernährt sich von zarten Algen und abgestorbenen Pflanzenteilen. So sorgt sie mit für klares Wasser im See.
9 Der Hüpferling ist winzig klein und nur unter dem Mikroskop so deutlich zu erkennen. Er lebt räuberisch, frisst Mückenlarven und andere kleine Tierchen.

1 Beobachte Pflanzen und Tiere an und auf einem Gewässer. Fotografiere, skizziere, bestimme und beschreibe, was du entdeckst.

Gute Schwimmer: Wasserfrosch und Seerose

Der Wasserfrosch ist perfekt an das Leben im Wasser angepasst. Er hat einen rundlichen, gedrungenen Körper, kurze Vorderbeine und lange Hinterbeine. Mit den kräftigen Hinterbeinen und Schwimmhäuten zwischen den Zehen kann er sich flink im Wasser bewegen. Das Tier kann lange unter Wasser bleiben, denn es atmet nicht nur mit der Lunge. Über feine Blutgefäße in der schleimig-feuchten Haut dringt Sauerstoff direkt ins Blut. Von April bis Juni ist Paarungszeit. Zur Eiablage brauchen die Weibchen das Wasser. Hier legen sie bis zu 4000 Eier als Laichballen ab. Aus den Eiern schlüpfen Kaulquappen, die im Wasser leben und durch Kiemen atmen. Je nach Witterung entwickeln sie sich in zwei bis drei Monaten zu Jungfröschen mit Beinen und Lungenatmung. Wasserfrösche überwintern in Erdhöhlen oder im Schlamm der Gewässer. An warmen Frühlingstagen erwachen sie aus der Winterstarre.

1 Notiere, wie der Wasserfrosch an das Leben im Wasser angepasst ist.

1 Froschlaich 2 Kaulquappe 3 Kaulquappe mit Schwanz und Hinterbeinen
4 Kaulquappe mit Vorderbeinen 5 Jungfrosch 6 Ausgewachsener Frosch

2 Beschreibe die Entwicklung eines Wasserfrosches.

Beziehungen zwischen Lebewesen im Lebensraum Gewässer beschreiben;
Angepasstheit der Lebewesen an den Lebensraum Gewässer erkennen …
AH S.44

Die großen Blüten der Weißen Seerose erscheinen Ende Mai. Sie öffnen sich bei Sonnenschein und schließen sich nachts und bei trübem Wetter. So ist der Blütenstaub vor Kälte und Tau geschützt. Seerosen bilden kugelige Früchte, die im Wasser heranreifen und dann platzen. Die schwimmenden Samen werden vom Wasser fortgetragen und keimen nach 1–2 Jahren. Ihr Lebensraum sind stehende oder träge fließende Gewässer: ruhige Seebuchten, Teiche, langsam fließende Nebenflüsse. Seerosen besiedeln gern humushaltigen, schlammigen Boden in einer Wassertiefe bis 1,5 Meter.
Die Wildpflanze steht in Deutschland unter Naturschutz.
Sie ist sehr gut an das Leben im Wasser angepasst.

3 Fasse zusammen: Wie ist die Seerose an das Leben im Wasser angepasst?

Die Stängel bewegen sich wie lange Seile mit den Wellen und passen sich dem Wasserstand an. Im Innern befinden sich Luftkanäle.

Die Seerose hat Schwimmblätter. Diese schwimmen, weil sie innen Luftkammern haben.
Außen sind sie mit Wachs überzogen. So kann das Wasser gut abperlen.
Sie sind fest wie Leder: Ein Frosch kann darauf sitzen.

Mit vielen Wurzeln ist der armdicke Wurzelstock am Grund des Gewässers verankert.

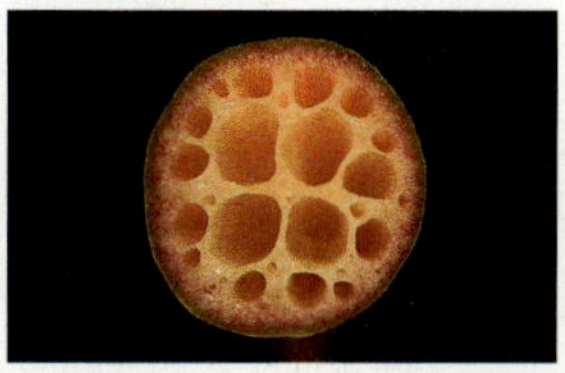
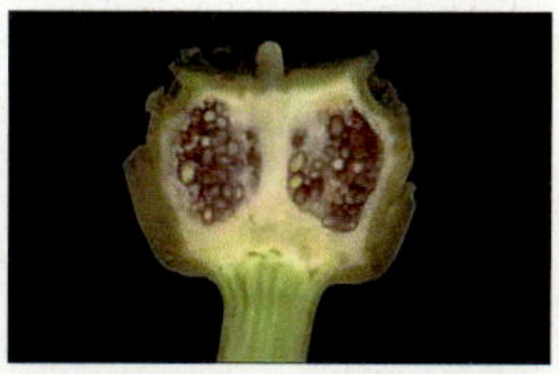

Gewässer kennen und schützen

In Thüringen gibt es fließende und stehende Gewässer. Sie werden auch Fließ- und Stillgewässer genannt. Die meisten Gewässer entstanden während der Erdentwicklung auf natürliche Weise. Gewässer wurden aber auch künstlich von Menschen angelegt.

Fließgewässer

natürlich:
- Rinnsal (bis 1 m breit)
- Bach (1–3 m breit)
- kleiner Fluss (3–10 m breit)
- großer Fluss (über 10 m breit)
- Strom (bis mehrere km breit)

künstlich:
- Kanal

Stillgewässer

natürlich:
- Pfütze
- Tümpel
- Weiher (kleiner See)
- See

künstlich:
- Teich
- Stausee

1 Fließgewässer oder Stillgewässer? Entscheide: Saale, Leina-Kanal, Haselbacher See, Schwarza, Ilm, Hohenwarte-Stausee, Werra, Talsperre Leibis-Lichte. Informiere dich.

2 Schreibe Gewässer der Landschaft auf, in der du lebst. Ordne sie in eine Tabelle: Fließgewässer | Stillgewässer

Ohne Wasser gibt es kein Leben. Gewässer sind Lebensräume für viele Pflanzen und Tiere. Menschen benötigen Wasser als Trink- und Brauchwasser: Toilettenspülung, zum Rasensprengen, in Fabriken …
Gewässer müssen geschützt werden.

Mit diesem Teich im Schulgarten gestalteten die Kinder einen künstlichen Lebensraum für Pflanzen und Tiere, die im und am Wasser leben.

★ Informiert euch: Wie muss ein Teich gepflegt werden?

Wie kommt es in Gewässern zu solchem Fischsterben?

Durch schädliche Stoffe kann der See gefährdet werden.

Vor 200 Jahren, es gab erst wenige Fabriken, hatten viele Gewässer klares Wasser. Doch seither flossen aus immer mehr Fabriken und Haushalten Abwässer in Seen und Flüsse. Dazu schwemmte der Regen Dünger und Gülle von den Feldern in die Gewässer. Abwässer, Dünger und Gülle sind Nahrung für Pflanzen im See. Diese vermehren sich dann rasch. Abgestorbene Pflanzen sinken zum Grund des Sees und bilden einen faulenden Schlamm. Kleinstlebewesen bauen die toten Pflanzen ab. Je mehr Pflanzen sie abbauen, umso mehr Sauerstoff entziehen sie dem Wasser. Pflanzen und Fische, die ebenfalls Sauerstoff brauchen, können dadurch sterben. Heute werden Gewässer in Thüringen ständig überwacht. Kläranlagen und weniger umweltschädliche Produktionsverfahren helfen, Seen und Flüsse sauberer zu halten. Dennoch werden auch heute noch Gewässer absichtlich verunreinigt, durch Industrie, Landwirtschaft und durch rücksichtsloses Handeln einiger Menschen.

3 Welches verunreinigte Gewässer in eurer Nähe kennt ihr?

★ Was könnt ihr selbst zum Schutz dieses Gewässers tun? Gestaltet ein Poster.

Pflanzen und Tiere fotografieren

Willst du auf einer Exkursion Pflanzen und Tiere fotografieren, braucht du viel Zeit. Die Pflanzen laufen dir zwar nicht weg. Schau dennoch aufmerksam: Fotografiere ich die ganze Pflanze oder nur Teile? Steht die Pflanze im Licht? Sind alle Teile meines Motivs gut im Bild?

Sumpf-Dotterblume am Teichrand; 3.5. ...

Blüte der Sumpf-Dotterblume; 3.5. ...

Pflanzenmotive finden

- eine Pflanze
  - bei Wind, bei Regen, im Sonnenschein
  - morgens, abends
  - im Frühling, im Sommer ...
  - einzeln oder in einer Pflanzengemeinschaft
  - von oben, von der Seite, in Augenhöhe ...

Tiere sind schwieriger zu fotografieren. Sie laufen, krabbeln, fliegen, verstecken sich. Störe sie nicht. Sei leise, harre aus. Geduld lohnt sich. Klick: Was haben deine Augen und die Kamera aufgenommen?

Moorjungfer, Libellenmännchen; 11.5. ...

Sumpf-Heidelibelle mit geöffneten Flügeln; 1.6. ...

Tiermotive finden

- ein Tier
  - beim Fressen, beim Schlafen
  - mit anderen Tieren zusammen
  - im Sommer, Winter ...
  - in lustigen Situationen
  - in seiner Entwicklung: die ganz kleinen Enten, die schon größeren Enten ...

Sind deine Bilder fertig, solltest du sie beschriften.

Unsere Welt – früher und heute

Warum ist der Mond nicht immer zu sehen?
Warum hat eine Woche sieben Tage?
Wie kann ich Zeitverläufe darstellen?

Räume wahrnehmen: Sonne, Erde, Mond

Die Sonne ist eine sehr hell strahlende Gaskugel. Vom Weltall aus sehen Astronauten die Sonne mit weißem Licht. Weil die Erde aber eine gasförmige Lufthülle hat, erscheinen Sonnenstrahlen, die durch sie hindurch auf die Erde treffen, gelb. Und abends, wenn die Sonne untergeht, leuchtet sie sogar rötlich.

Die Erde umkreist die Sonne mit einer enormen Geschwindigkeit. Etwa 30 Kilometer in der Sekunde fliegt sie auf ihrem Weg durch die Weite des Weltalls. Wir spüren das nicht. Unsere Erde ist von einer mächtigen Luftschicht umhüllt. Diese gasförmige Hülle schützt uns vor dem gleißenden Licht der Sonne und vor der Kälte des Weltalls. Die Hülle enthält auch den Sauerstoff, den Menschen, Tiere und Pflanzen zum Atmen brauchen.

1 Informiere dich im Internet in einer Kindersuchmaschine über „Unser Sonnensystem" (www.blinde-kuh.de, www.helles-koepfchen.de ...).

Unsere Erde hat einen kleinen Begleiter, der sie umkreist. Das ist der Mond.

Warum heißt die Erde „Der Blaue Planet"?

Astronauten, die aus dem Weltraum auf unsere Erde schauen, sehen einen wunderbar blauen Himmelskörper. Die riesigen Wasserflächen der Erde, die Ozeane und Meere, strahlen das Sonnenlicht zurück. Sie umgeben die Erde mit einem blauen Lichtsaum. Wasser und Luft machen es möglich, dass auf der Erde Menschen, Tiere und Pflanzen leben können. Unsere Erde ist reich an Schönheiten und Wundern. Aber sie ist auch verletzlich, und sie braucht unseren Schutz.

Manchmal scheint nachts der Vollmond in dein Fenster. Die Nacht ist hell. Zwei Wochen später ist auch am klaren Nachthimmel kein Mond zu sehen. Doch nur wenige Tage darauf zeigt sich wieder eine schmale Mondsichel.

Warum wechselt die Lichtgestalt des Mondes?
Das Licht des Mondes ist eigentlich das Licht der Sonne. Der Mond leuchtet nicht selbst, er wird von der Sonne beschienen und strahlt dieses Licht wieder ab. Da der Mond die Erde umkreist, ändert sich seine Position zur Sonne ständig. Deshalb siehst du von der Erde aus immer unterschiedlich viel von seiner beleuchteten Hälfte. Diese Lichtformen nennt man Mondphasen. Die Zeit zwischen zwei gleichen Mondphasen beträgt 29 Tage und einen halben Tag.

Die Sonne beleuchtet den Mond ebenso wie den Ball. Die beiden Formen gleichen sich.

Bei Vollmond siehst du die beleuchtete Mondhälfte ganz.

Danach wird der sichtbare Teil der beleuchteten Mondhälfte jeden Tag kleiner. Man sagt: Der Mond nimmt ab.

Bei Neumond schaust du auf jene Mondhälfte, die nicht von der Sonne beschienen ist.

Danach zeigt sich jeden Tag mehr vom beleuchteten Teil des Mondes. Man sagt: Der Mond nimmt zu.

2 Wie erkennst du, ob ein Halbmond gerade abnimmt oder zunimmt?

★ Wie sehen die Kinder in Afrika und Australien den Mond? Informiere dich.

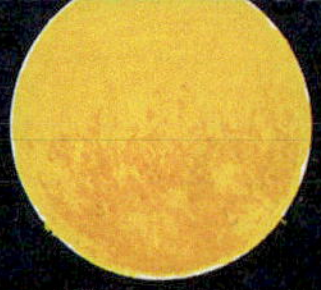

Räume wahrnehmen: Sonne, Mond und Sterne

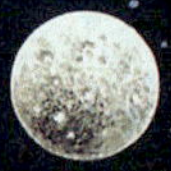

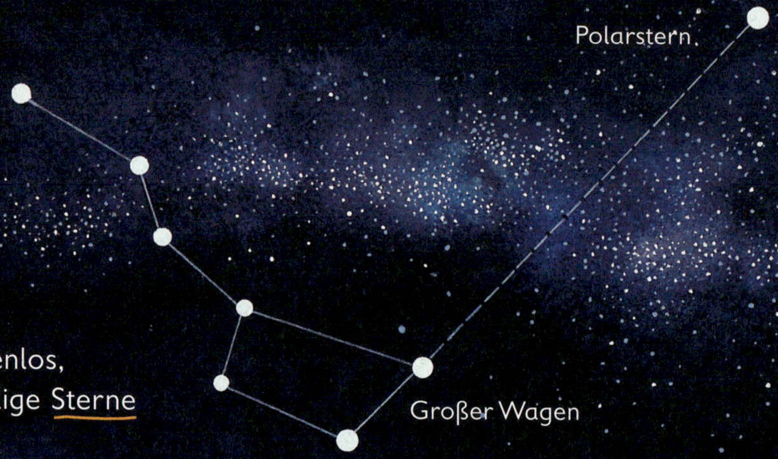

Ist die Nacht klar und wolkenlos, siehst du am Himmel unzählige Sterne blinken.
Mit bloßem Auge kann man bis zu 6 000 Sterne entdecken. Durch ein Fernglas sieht man mehr als 100 000 Sterne. Und mit Großteleskopen konnten Wissenschaftler über eine Milliarde Sterne zählen.
Schon in alter Zeit nutzten die Menschen, vor allem Seefahrer, größere oder kleinere Sternengruppen zur Orientierung am Himmel. Mit etwas Fantasie sahen sie Bilder in den Sternen und gaben den Sternbildern Namen: Namen von Gegenständen, wie „Wagen“; Namen von Tieren, wie „Skorpion“ oder „Löwe“, und Namen von Sagengestalten, wie „Orion“.

Der Große Wagen ist Teil des Sternbildes Großer Bär. Er fällt deutlich auf.
Denkst du dir die Hinterachse fünffach verlängert, findest du leicht den Polarstern.
Er leuchtet heller als andere Sterne und steht fast am Himmelsnordpol. Mit seiner Hilfe kann man die Nordrichtung auf der Erde bestimmen.

Der Sage nach war Orion ein berühmter und beliebter Jäger. Eines Tages wurde er durch den Stich eines Skorpions tödlich verwundet.
Orion und Skorpion wurden in Sterne verwandelt und so an den Himmel gesetzt, dass immer nur einer zu sehen ist.
Geht Orion im Westen unter, dann geht sein Mörder Skorpion im Osten auf.

Alle Menschen der Erde können sie sehen:

- die Sonne – den Stern, der uns am nächsten ist und doch 150 Millionen Kilometer von uns entfernt,
- den Mond, der nur 384 400 km weit weg ist und den am 20. Juli 1969 erstmals ein Mensch betrat,
- die vielen Sterne, unvorstellbar weit im Weltraum.

Alle Menschen können beobachten, wie Sonne, Mond und Sterne das Leben auf der Erde beeinflussen – manchmal auf geheimnisvolle Weise.

Neil Armstrong auf dem Mond …

Die Sternbilder sind Wegweiser am Nachthimmel. Mit ihrer Hilfe suchten Seefahrer in früherer Zeit ihren Weg. Wie fanden sie nach Norden?

Manche Menschen glauben, die Sterne zeigen die Zukunft.

Von Mond und Sonne gehen Kräfte aus, die Ebbe und Flut auslösen.

Vom Mond erzählt man Legenden. Manche Menschen sollen bei Vollmond schlafwandeln.

Alle Pflanzen brauchen das Licht der Sonne, um Nährstoffe herzustellen.

Die Sonne ist auch der Motor des großen Wasserkreislaufs: Wasser verdunstet, zieht mit den Wolken über den Himmel und fällt als Regen irgendwo auf unserer Erde wieder herab.

1 Welches Geheimnis möchtest du enträtseln? Frage Experten, lies nach, erforsche selbst.

Zeiträume wahrnehmen: Unsere Zeiteinteilung

Du schaust auf die Uhr: Sie zeigt dir, wie spät es ist. Du orientierst dich in einem Kalender, um herauszufinden, welcher Wochentag gerade ist und in welcher Woche des Jahres du dich befindest. Andere Kalender zeigen das Datum, den Monat und das Jahr an. Zu Silvester berichtet das Fernsehen, wie die Menschen im fernen Australien schon das neue Jahr begrüßen, wenn in Deutschland noch lange nicht Mitternacht ist. Auf einer Weltzeituhr kannst du die Tageszeiten in den Städten der Welt vergleichen.

Weltzeituhr in Berlin

Früher hatte jeder größere Ort seine eigene Uhrzeit. Stand die Sonne an ihrem höchsten Punkt über dem Horizont, war es 12.00 Uhr mittags.

Als vor über 100 Jahren die ersten Eisenbahnlinien durch mehrere Länder führten, brauchte man dafür eine einheitliche Zeit. Schon 1883 gab es dazu in Deutschland ein Gesetz. 1884 beschlossen 27 Staaten, die Erde in 24 Zeitzonen einzuteilen.

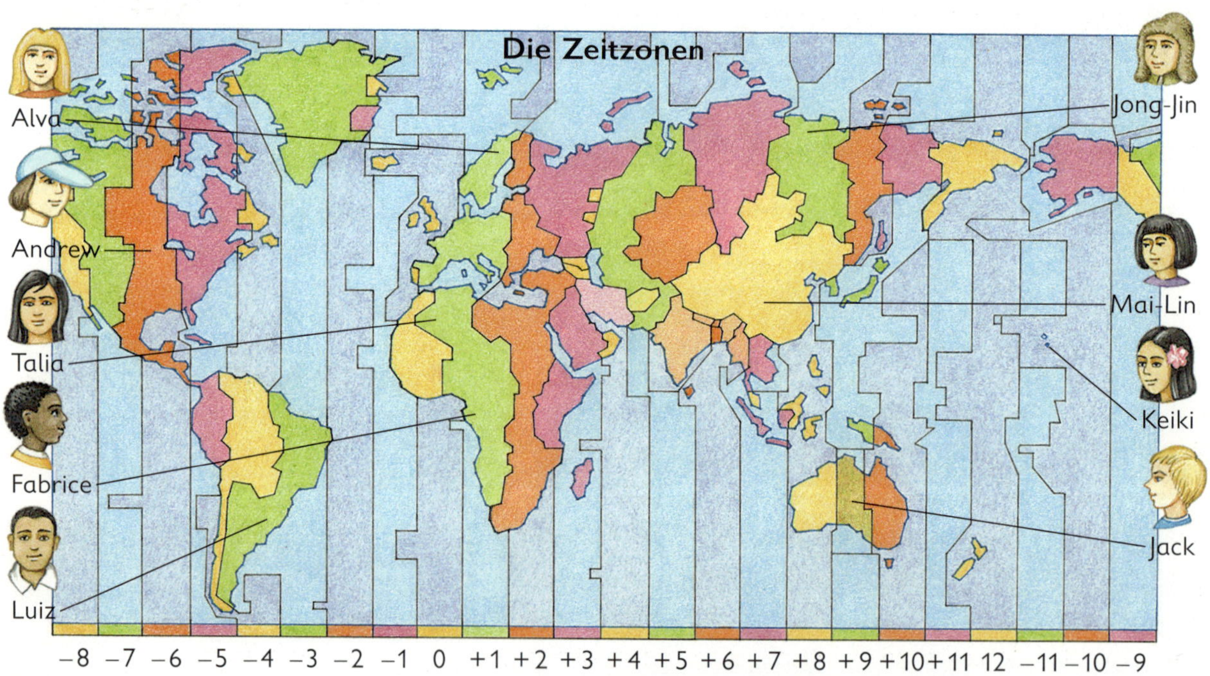

1 Arbeitet mit der Karte. Stellt einander Aufgaben, wie:
Bei Fabrice in Afrika ist es 14.00 Uhr. Wie spät ist es bei Jack in Australien?

Kulturell bedingte Zeiteinteilung erfassen; die aktuelle und historische Verflechtung mit anderen Orten, Regionen oder Ländern im Kontext mit Wirtschaft und Kultur erklären

S. 12

Spannendes zur Zeiteinteilung

Warum hat eine Stunde 60 Minuten und eine Minute 60 Sekunden?

Im Altertum rechneten die Babylonier, die Bewohner einer der mächtigsten Städte im Altertum, nicht wie wir heute in Schritten von 10, sondern von 60. Dies hat sich für die Zeit bis heute erhalten.
Das Zifferblatt von Uhren ist deshalb nicht in 10, sondern in 60 Teile geteilt.

Eine Stunde entspricht der Zeitdauer von 60 Minuten, eine Minute der Zeitdauer von 60 Sekunden.
In lateinischer Sprache heißt eine Stunde ***h**ora*.
Deshalb kürzen wir auch ab:
1 Stunde = 1 ***h***

Warum hat die Woche in fast allen Ländern sieben Tage?

Im Altertum war die 7 eine heilige Zahl. Vielleicht teilte man deshalb eine Woche in 7 Tage ein. Auch dauert ein Mondmonat etwa 28 Tage. Das lässt sich gut in viermal 7 Tage teilen.

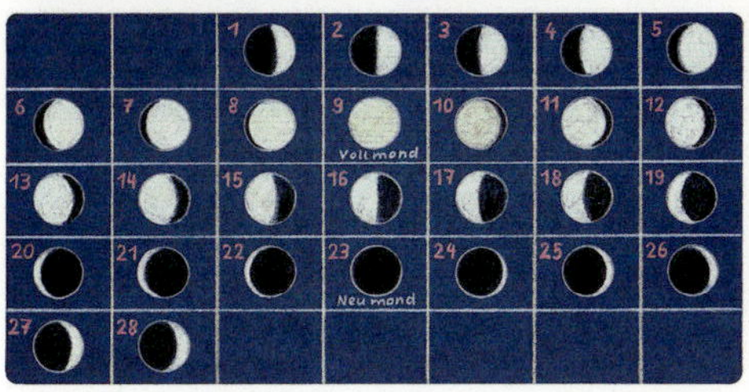

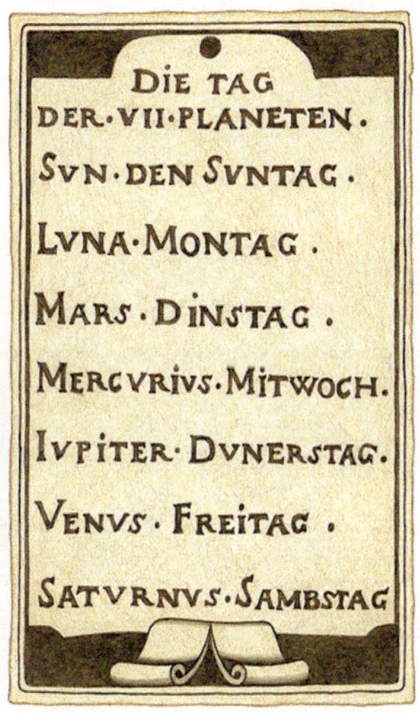

Die Römer gaben den Tagen die Namen von 7 Himmelskörpern, die sie Planeten nannten: Saturn, Jupiter, Mars, Sonne, Venus, Merkur, Mond. Die Namen haben andere Völker Europas geändert oder abgewandelt.

Warum hat eine Unterrichtsstunde meist 45 Minuten?

Der Grund dafür könnten die täglichen Stundengebete christlicher Mönche in mittelalterlichen Klöstern sein.
In der Bibel heißt es: Ich lobe dich des Tages siebenmal."
Die Gebete dauerten jedoch keine 60 Minuten.
In höheren Schulen wurden die Kinder täglich meist „sieben Stunden" unterrichtet, die aber nicht gleich lang waren.
Im Jahr 1911 setzte schließlich ein Bildungsminister im Deutschen Kaiserreich eine Unterrichtsstunde auf 45 Minuten fest. Auch heute regeln die Bildungsminister der Länder die Unterrichtszeiten.

2 Wie viele Minuten hat eine Unterrichtsstunde in deiner Schule?

3 Findet spannende Fragen zur „Zeit":
Warum hat nicht jeder Monat gleich viele Tage? …
Sucht Antworten in Medien. Stellt eure Ergebnisse vor.

S. 12

Zeiträume wahrnehmen: Ein Jahr

Zeit vergeht: Uhren zeigen Sekunden, Minuten und Stunden an. Kalender geben Auskunft über die Abfolge der Monate im Jahr. In der Natur ist das Werden und Vergehen von Pflanzen und Tieren zu beobachten. Wie Menschen älter werden, kannst du gut an einem Baby beobachten. Dazu brauchst du Geduld und Ausdauer.

Der Kartoffelkäfer

	Januar	Februar	März	April	Mai

Lebensdauer des Käfers: etwa 2 Jahre	Kartoffelkäfer überwintern in Spalten am Boden oder unter Blättern. In kalten Wintern kriechen sie auch tiefer in den Boden hinein.			Die Käfer kommen aus ihren Winterverstecken.	Die Käfer fliegen umher und fressen.

Der Sonnenhut

	Januar	Februar	März	April	Mai

Lebensdauer der Pflanze: 1 Jahr	Die Pflanzen überwintern als Samen. Die Samen können in luftdurchlässigen Tüten dunkel und trocken aufbewahrt werden. Man kann Samen auch kaufen.			Samen werden in Schalen oder im Frühbeet ausgesät.	Ende Mai werden die Pflänzchen ins Freie gepflanzt.

Ein Mensch im ersten Lebensjahr

	Januar	Februar	März	April	Mai
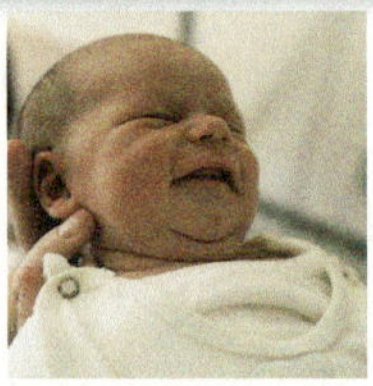	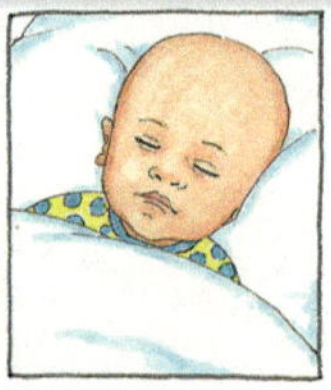				
Geburt: Januar 2011 Altersrekord Mensch: 122 Jahre	Das Baby ist 50 cm groß. Es schaut schon Spielzeug an.	Das Baby kann im Liegen den Kopf heben.	Das Baby steckt sich Spielzeug in den Mund.	Das Baby ist 56 cm groß und stützt sich ab.	Das Baby dreht sich vom Rücken auf den Bauch.

Zeiträume erfassen: Monate, ein Jahr; Veränderungen im Jahresverlauf in Bezug auf das fortschreitende Lebensalter der Menschen erkennen; Zeitstrahl lesen

S. 16

1 Wähle dir einen Zeitstrahl aus und erkläre ihn.

2 Notiere und zeichne auf einem Zeitstrahl wichtige Ereignisse, die du in einem Jahr erlebst. Beginne den Zeitstrahl in diesem Monat.

Juni Juli August September Oktober November Dezember

Die Weibchen legen ihre Eier auf den Blättern ab. Die Raupen schlüpfen, fressen und verpuppen sich.

Neue Käfer schlüpfen und legen Eier … Eine zweite Generation wächst heran.

Die Käfer suchen ihre Winterverstecke auf.

Die Käfer überwintern bis zum Wachsen der Kartoffeln im Frühjahr.

Juni Juli August September Oktober November Dezember

Sonnenhüte lieben sonnige Standorte.

Die Pflanzen blühen von Juli bis Oktober. Die großen Blüten zeigen sich in Gelb-, Rot-, Braun- und Orangetönen. Im Oktober welken die Pflanzen und sterben ab.

Bleiben die abgeblühten Blütenstände stehen, säen sich die Samen selbst aus.

Juni Juli August September Oktober November Dezember

Das Baby ist 59 cm groß. Es greift nach Gegenständen.

Das Baby kann sein Fläschchen allein festhalten.

Das Baby hat fast 3 kg zugenommen. Es wiegt nun 6 500 g.

Das Baby kann allein aufrecht sitzen und spielen.

Das Baby krabbelt und robbt neugierig überall hin.

Das Baby kann knien und im Buch blättern. Es wiegt 9 800 g.

Das Baby ist 76 cm groß und kann stehen.

Zeiträume erfassen: Monate, ein Jahr; Veränderungen im Jahresverlauf in Bezug auf das fortschreitende Lebensalter der Menschen erkennen; Zeitstrahl lesen

S. 16

Zeitverläufe darstellen

Zeit vergeht: eine Stunde, ein Tag, ein Monat, ein Jahr …
In dieser Zeit erlebst du vieles und veränderst dich.
Das gilt auch für deine Mitmenschen und deine Umwelt, für Pflanzen, Tiere, Orte … Du kannst Ereignisse dokumentieren, zum Beispiel Tagebuch schreiben. Du kannst Zeitverläufe als Zeitspirale, Zeitkreis, Zeitstufen oder Zeitstrahl gestalten.

1 Dokumentiere einen Zeitverlauf.

Zeitspirale „Mein Tag“

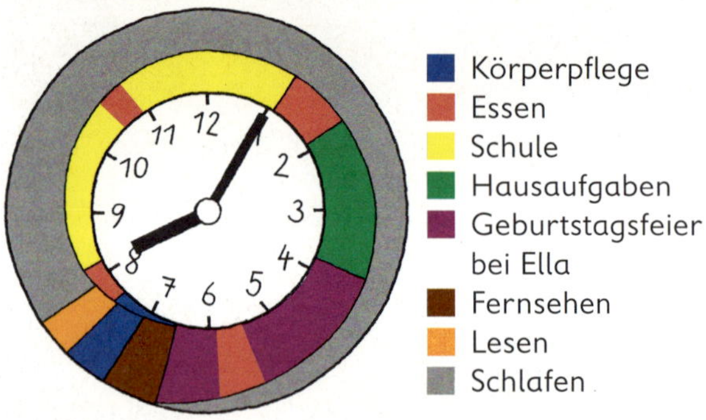

Die Uhr zeigt 12 Stunden an. Ein Tag hat 24 Stunden. Die Zeiger umrunden die Uhr also zweimal.

Zeitkreis „Die Eiche in den Jahreszeiten“

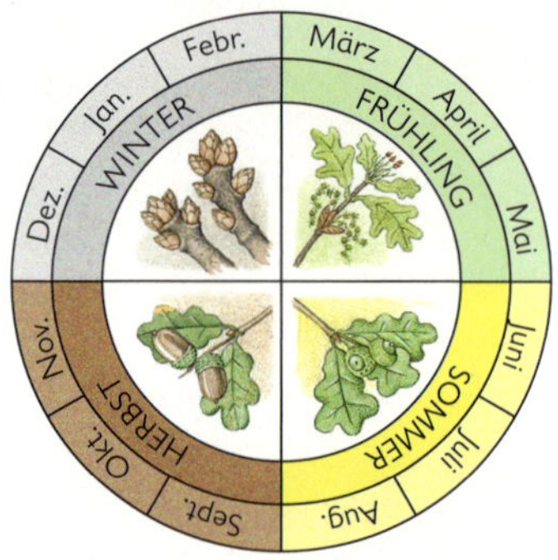

Die Jahreszeiten kennzeichnen Abschnitte des Jahres, die jährlich wiederkehren.

Zeitstufen „Lebensalter der Frau“

Das Bild entstand vor etwa 100 Jahren. Es stellt die Lebensalter einer Frau dar. Anders als heute bezog sich das Leben der Frauen damals vor allem auf Haus und Familie.

2 Male oder schreibe auf, wie du dir wichtige Abschnitte deines Lebens vorstellst.
Du kannst auch einen Zeitstrahl nutzen.

Zeitstrahl „Mein Leben“

Zeit erfassen, auch in Bezug auf unterschiedliche Lebensalter des Menschen, über Lebenszeit reflektieren

S. 13

Mit Medien leben

Wie lerne ich, Medien zu beurteilen?
Wie gestalten wir eine Schautafel über unsere Schulgeschichte?
Wie erstellt man eine Präsentation am Computer?

Medien beurteilen

Jährlich findet in Gera und Erfurt ein großes Ereignis statt. Es heißt „Deutsches Kinder-Medien-Festival Goldener Spatz“. Dazu werden Filme und Fernsehsendungen für Kinder eingereicht und je eine Woche lang in Gera und in Erfurt gezeigt. Eine Jury mit Kindern aus Deutschland und anderen Ländern, 9 bis 13 Jahre alt, und eine Jury von Fachleuten bewertet alles und vergibt Preise.
Für die besten Kinofilme und Fernsehsendungen wird der Preis „Goldener Spatz“ vergeben. Preise erhalten auch das beste Drehbuch, die besten Darsteller und die beste Musik. Ausgezeichnet werden auch Filme, die Kinder produziert haben, die besten Web-Seiten über Kinderfilme sowie das beste Online-Spiel.
Es werden immer gleichartige Medien verglichen: Trickfilm, Information/Dokumentation, Kino-/Fernsehfilm, Kurzspielfilm, Serie, Unterhaltungssendung.

Mit welchen Begründungen werden Preise vergeben?

Film

Die Geschichte ist
- mitreißend und glaubwürdig,
- zum Weinen und zum Lachen,

- etwas Besonderes,
- nachdenklich, aber auch komisch,
- außergewöhnlich,
- beeindruckend.

- Die Geschichten in kleinen Filmen machen Spaß.
- Man lernt etwas daraus.

Online-Spiele
- gute Spielidee
- interessanter Inhalt
- sicher
- gute Musik …

Web-Seite
- informiert gut,
- man kann mitmachen,
- übersichtlich gestaltet,
- ansprechende Farben,
- ohne Werbung …

1 Informiere dich über Preisträger des letzten Festivals. Stelle ein Beispiel vor.

Absichten von Medien beurteilen: Information, Unterhaltung, Manipulation; Medienbotschaften verstehen

AH S.49

2 Bildet Gruppen, die jeweils als Jury arbeiten.
Jede Gruppe wählt ein Medium für Kinder von früher und von heute aus.
Beurteilt es.
Sammelt eure Ergebnisse in einer Tabelle.

Ein Medium beurteilen		
Name des Mediums	Das erwarten wir von dem Medium	Das haben wir geprüft und festgestellt
Comic		
Web-Seite		

3 Stellt eure Ergebnisse in einem Vortrag vor.

Medien beurteilen

- Benennt das ausgewählte Medium.
- Legt fest, was ihr von dem Medium erwartet. Es soll:
  – unterhalten,
  – Spaß bringen,
  – interessant sein,
  – gut informieren,
  – gut gestaltet sein, …
- Prüft, ob das Medium erfüllt, was ihr erwartet.
- Überlegt, welcher Absicht das Medium dienen soll.

Absichten von Medien beurteilen: Information, Unterhaltung, Manipulation; historische und aktuelle Massenmedien untersuchen; Medienbotschaften verstehen

AH S.49

Medien nutzen und gestalten

Jeden Tag, jede Woche, jeden Monat, jedes Jahr … geschehen interessante Dinge in eurer Schule. Medien helfen euch, diese Ereignisse zu dokumentieren. So könnt ihr andere Menschen informieren und euch selbst später erinnern.

Eine Klassenzeitung erstellen

1. Schritt: Redaktionsteam zusammenstellen

- Im Team arbeiten vier Gruppen.
- Jede Gruppe bearbeitet drei Seiten.

2. Schritt: Arbeit organisieren

- In den Redaktionssitzungen wird abgestimmt und festgelegt: Wie soll die Zeitung aussehen? Wer übernimmt welche Aufgabe?
- Die vier Gruppen wählen Rubriken (Abschnitte) aus:
  - Aus dem Schulleben
  - Aus dem Schulort
  - Aus aller Welt
  - Aktuelles Interview
  - Schon gewusst …?
  - Rätsel und Witze

3. Schritt: Die Zeitung entsteht

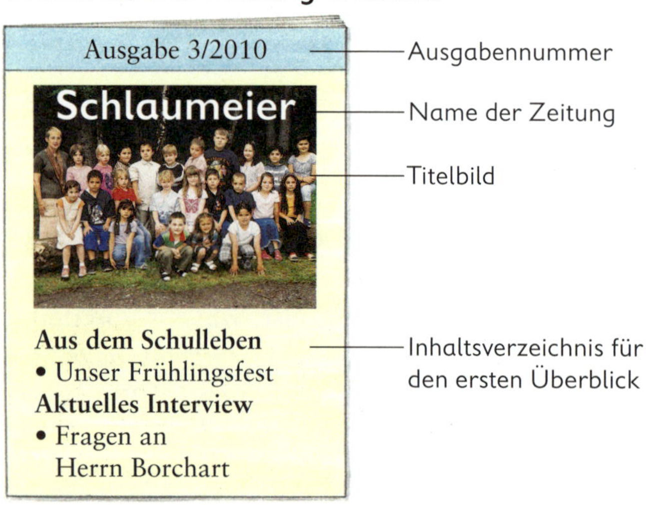

Tipp: Schreibt Texte am Computer. Fügt auch Bilder ein. Seite 118 hilft euch.

★ Diskutiert im Klassenrat: Wie gut ist unsere Klassenzeitung?
Oder: Wollen wir eine Klassenzeitung gestalten?
Wer würde an einer Klassenzeitung mitarbeiten?

Eine Schautafel gestalten

Zum „Tag der offenen Tür“ kann eine Schautafel an besondere Ereignisse aus der Schulvergangenheit erinnern. Überlegt, wen ihr um Material bitten könnt. Stöbert auch im Schularchiv. Sammelt alles in Kartons und legt dazu ein Verzeichnis an. Schützt die wertvollen Zeitzeugnisse.

Bilder und Texte lockern die Schautafel auf. **Fotos** erinnern an Personen, die in der Schule gearbeitet und gelernt haben.

ca. 1953: Frau Huttler mit Schülern
Der Unterricht fand im Zwei-
schichtbetrieb statt,
weil es nicht genug Räume gab.
Frank Eibl

Kurze Texte und selbst gemalte **Bilder** erzählen zur Geschichte der Schule. Die Angabe der Jahreszahl darf nicht fehlen.

Am 1. September 1970 wurden 50 Erstklässler eingeschult.

Frau Riemer
Direktorin

Juni 2009: Nach fast einem Jahr Umbauzeit ist die neue Bibliothek eingerichtet.
Es gibt gemütliche Leseecken und mehrere Computerarbeitsplätze.

RICO, MARIE Klasse 4b

Mit Humor geht alles besser, auch bei uns in der Schule. Witzige Zeichnungen regen zum Schmunzeln an.

1 Wie wollt ihr euer Vorhaben organisieren?
Schreibt ein kurzes Protokoll.

Mit dem Computer Bilder und Texte gestalten

Medien kannst du auch selbst gestalten, zum Beispiel zum Thema „Obst“.

So erstellst du eine Übersicht

Arbeite mit Mauspfeil und Tastatur:

1. Erstelle ein neues leeres Dokument.
2. Klicke auf „Textfeld“: [A] und dann auf deine Seite. Erstelle beliebig viele Textfelder und schreibe hinein.
3. Um ein Textfeld farbig zu gestalten, klicke doppelt auf den Rand. Wähle unter „Farbe“ ▼ und „Linie“ ▼ die Farbe aus.
4. Klicke auf „Pfeil“: ↘ und dann auf deine Seite. Ziehe Pfeile mit der Maus.
5. Klicke Pfeile an. Bewege sie mit der Maus und drehe sie an der Spitze.
6. Ordne nun Pfeile und Kästchen an.

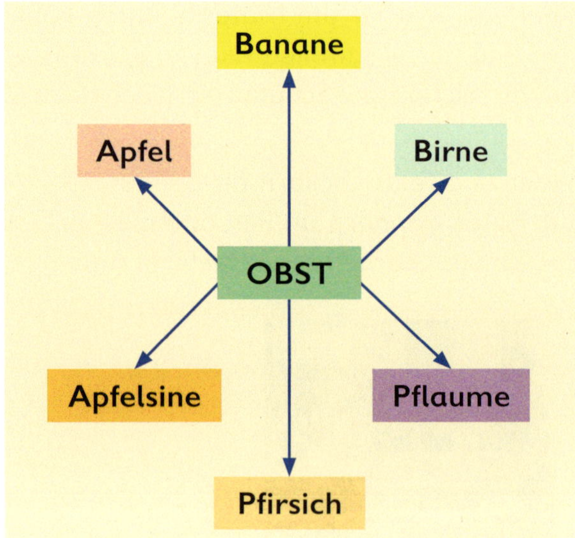

So fügst du Bilder in Texte ein

1. Cursor an die Stelle für das Bild setzen

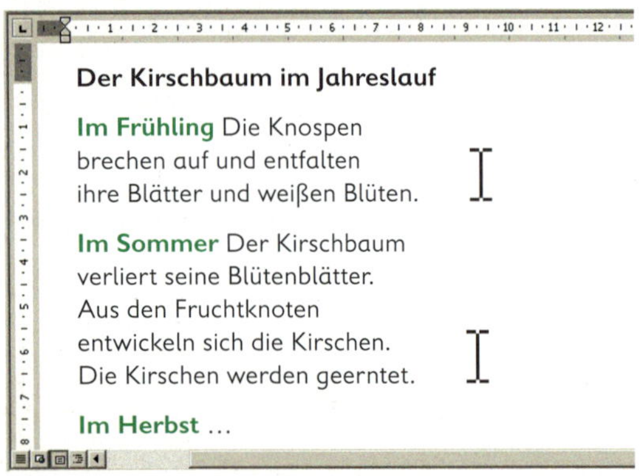

2. „Einfügen, Grafik, Aus Datei“ anklicken

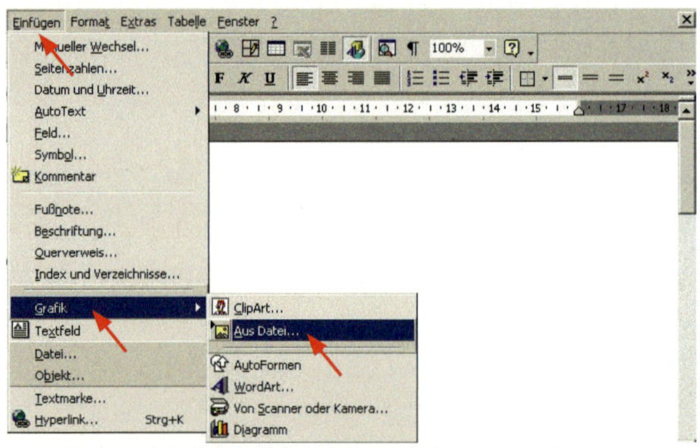

3. Bilddatei auswählen, auf Einfügen klicken

4. Bild anklicken, richtig platzieren

Verschiedene mediale Darstellungsformen mit Hilfestellung produzieren; medientechnische Geräte unter Anleitung nutzen

S. 14, S. 15

Im Sommer

Woher kommt unser Trinkwasser?
Wie kann schmutziges Wasser wieder sauber werden?
Was möchte ich in den Ferien erleben?

Woher kommt das Trinkwasser?

1 Informiert euch:
- Wie wird euer Trinkwasser gewonnen?
- Wie teuer ist es?

2 Füllt einen Eimer mit Wasser, messt die Menge und berechnet den Preis.

★ Besichtigt ein nahe gelegenes Wasserwerk oder eine Talsperre.

Trinkwasser kommt gereinigt aus Wasserwerken. Woher aber bekommen die Wasserwerke das Wasser? Niederschläge versickern im Boden durch Sand und Kies. Ihr Wasser staut sich als Grundwasser, das manchmal als Quelle wieder aus der Erde fließt. Fließt sie reichlich, wird ihr Wasser durch Rohre zu einem Wasserwerk geleitet.
Im Bergland wird Wasser von Bächen und Flüssen in Trinkwassertalsperren gestaut und zu den Wasserwerken geleitet. Hier und im flachen Land gewinnt man Grundwasser aber auch aus Tiefbrunnen. Auch Flusswasser eignet sich zur Trinkwassergewinnung. Es sickert in Ufernähe durch Sand und Kies in Brunnen ein und wird zu den Wasserwerken geführt.

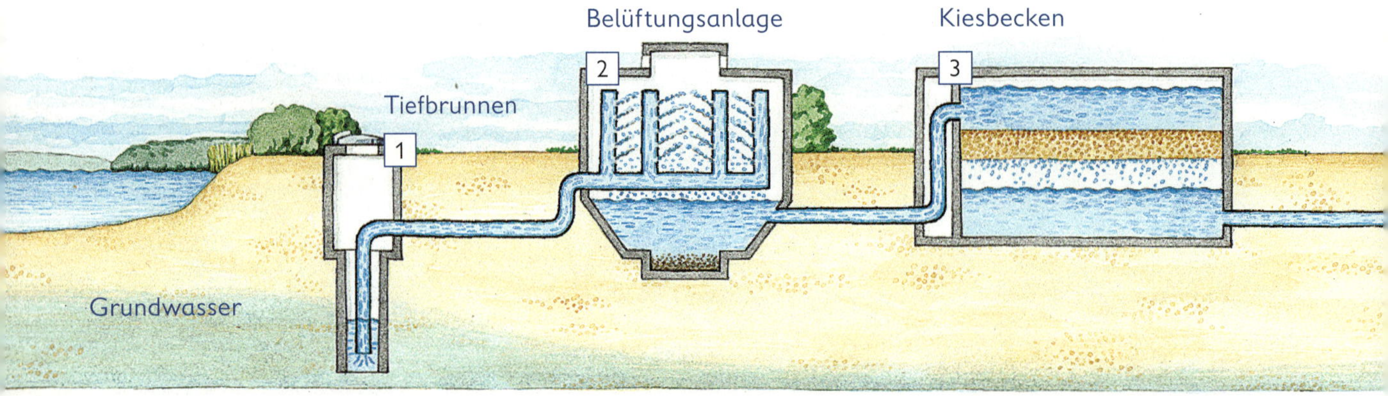

Grundwasser wird in Tiefbrunnen gesammelt und mit Pumpen nach oben befördert.

Im Wasserwerk wird das Wasser belüftet. Dabei verbinden sich schädliche Stoffe zu Flocken.

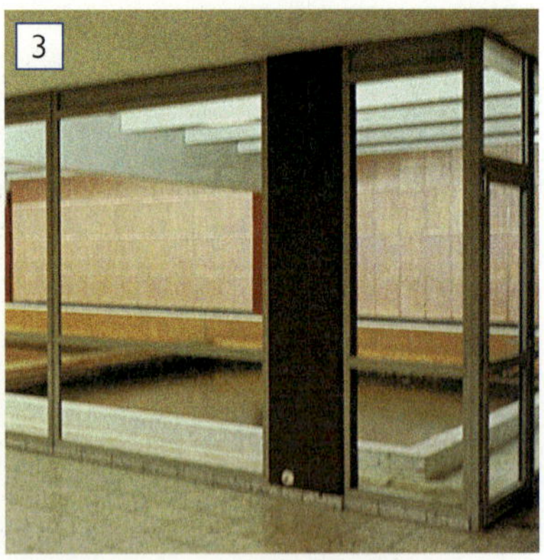

Das Wasser läuft zur Reinigung durch Kiesschichten. Dort werden die Flocken aufgefangen.

Aufbereitung des Wassers als Maßnahme zum Trinkwasserschutz beschreiben;
Wasser als Ressource beschreiben: Talsperren als Wasserreservoir …

AH S.51
S.16

3 Erkunde, wie viel Trinkwasser gebraucht wird, um dies herzustellen:
- ein Kilo Brot,
- ein Kilo Zucker,
- eine Tonne Papier,
- eine Tonne Stahl.

4 Wozu wird im Haushalt Trinkwasser gebraucht?

5 Gestaltet eine Übersicht: Trinkwasser sparen – aber wie?

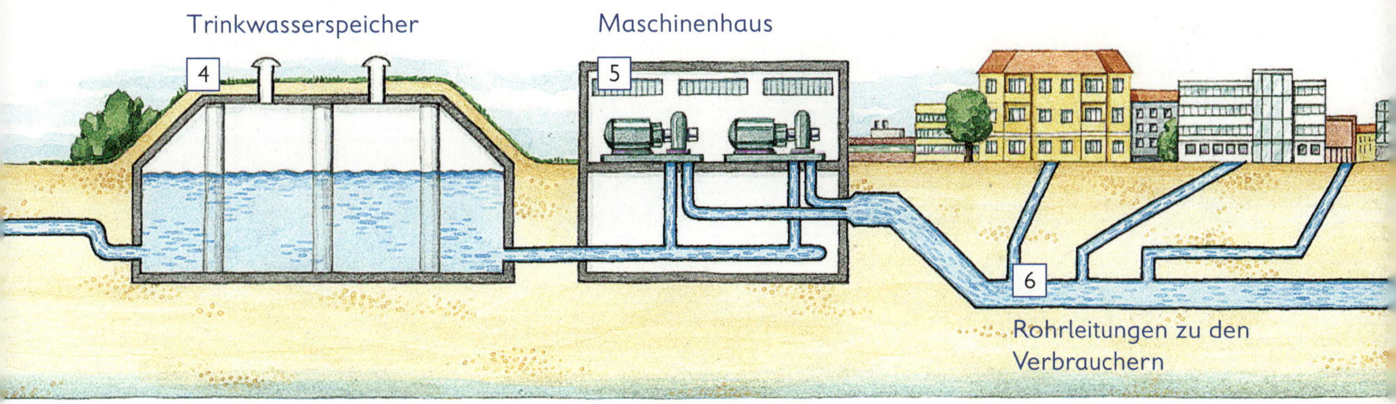

Sauberes Trinkwasser wird in Reinwasserbehältern gespeichert und bei Bedarf abgegeben.

Trinkwasserpumpen pumpen das Wasser durch Rohrleitungen zu den Verbrauchern.

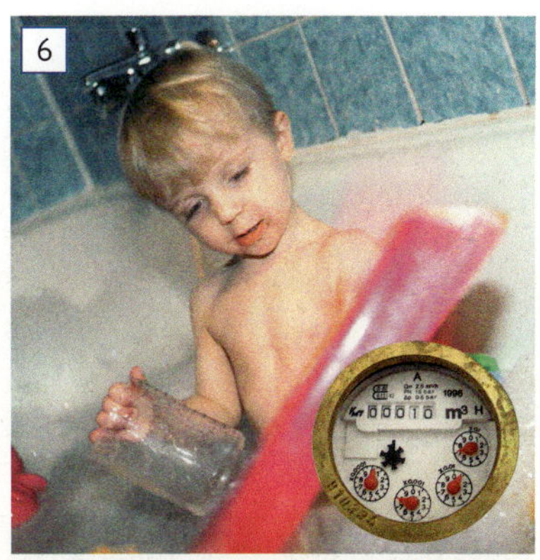

Den Wasserverbrauch in jeder Wohnung zählen Wasseruhren. Das Wasser muss bezahlt werden.

Wohin fließt das Abwasser?

1 Erforsche:
Wodurch wird in eurem Haushalt Trinkwasser verschmutzt? Wie könntet ihr diese Verschmutzung verringern?

2 Erkundet, wie viel Abwasser jährlich in eurer Schule entsteht. Womit wird das Wasser vor allem verschmutzt?

Noch vor 100 Jahren wurde Abwasser meist in die Gewässer geleitet. Die Menschen hatten beobachtet, dass fließende Bäche und Flüsse mit der Zeit wieder sauber wurden. In der Nähe großer Orte wurde Abwasser zum Beispiel auf unbebautes Land in Gräben geleitet. Dort versickerte es im Boden. Auf dem Weg durch die verschiedenen Bodenstufen wurde es gefiltert und so wieder zu reinem Grundwasser. Heute belasten vor allem Industrie, Landwirtschaft und Verkehr, aber auch Haushalte das Wasser. Die „Naturfilter" reichen nicht mehr aus, die Abwässer müssen in Klärwerken gereinigt werden. Das Reinigen ist technisch sehr aufwändig und teuer. Deshalb sollten alle Menschen sparsam mit Wasser umgehen und es weniger verschmutzen.

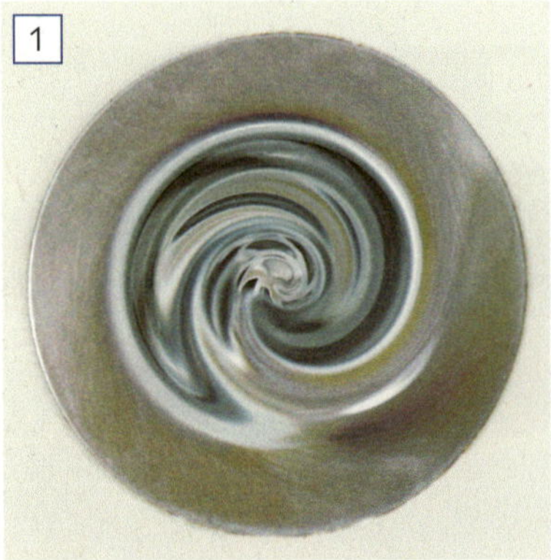

Abwasser aus den Gebäuden fließt durch Abwasserrohre, Regenwasser von den Straßen durch Gullys in die Kanalisation.

Unter den Straßen werden die Abwässer in der Kanalisation gesammelt und weiter in ein Klärwerk geleitet.

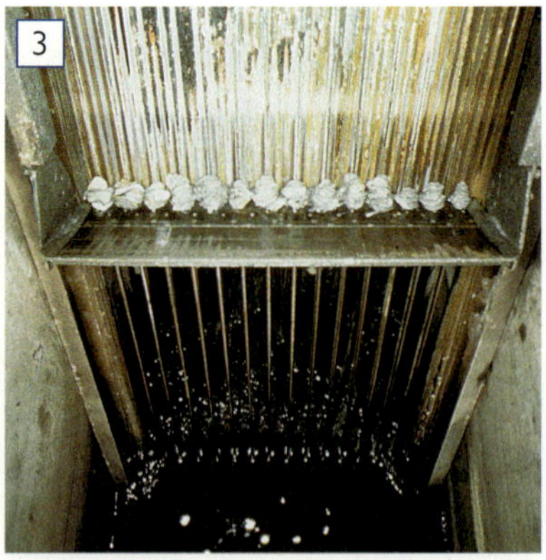

Am Rechen bleiben zuerst Holz, Papier und grobe Teile hängen. Sand setzt sich ab. Fette werden von der Oberfläche abgesaugt.

Wasser im „Klärwerk“

Wie verändert sich Schmutzwasser durch Filtern?

Versuchsaufbau:

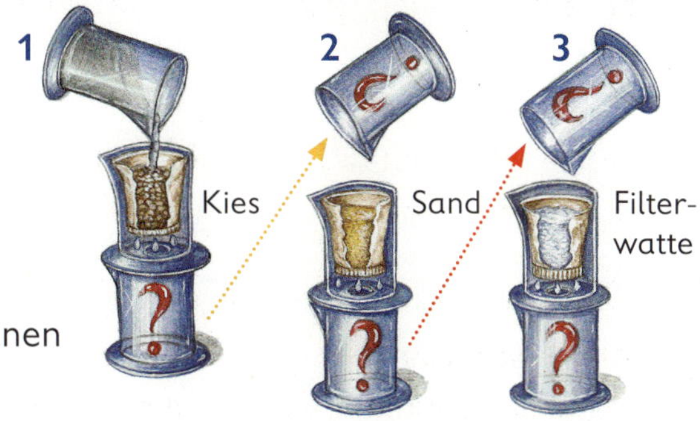

Ihr braucht:

- 4 Bechergläser, 3 Filter mit Filtertüten,
  darin: **1** gewaschener Kies
  2 gewaschener Sand
  3 Filterwatte
- Schmutzwasser: Leitungswasser, vermischt mit Gartenerde und Sägespänen

Geht so vor:

- Lasst das Schmutzwasser nacheinander durch die drei Filter laufen.
- Notiert, wie es sich nach jedem Filtergang verändert. Achtet auf den Geruch.

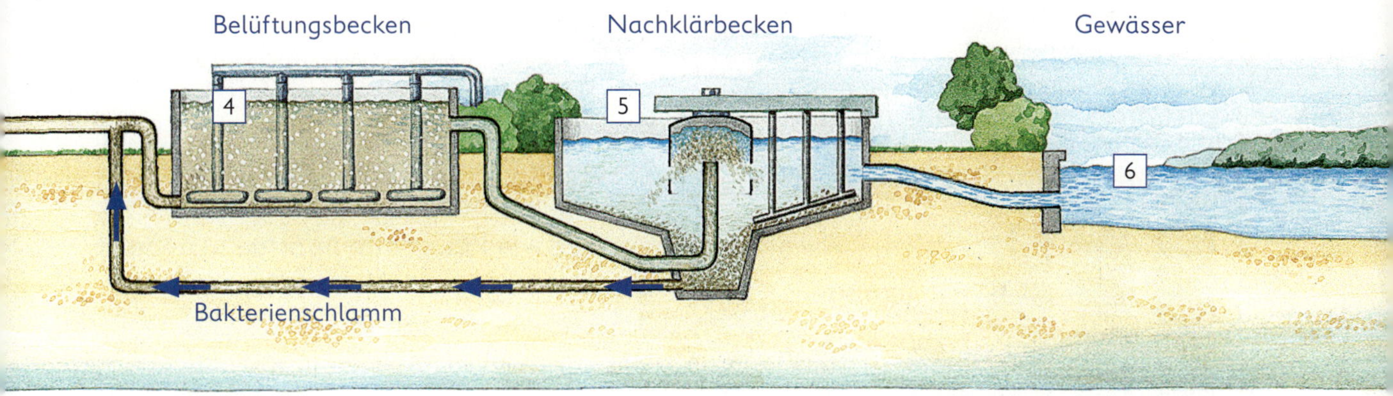

Zum Belüften werden dem Wasser viel Sauerstoff und Bakterien zugesetzt. Die Bakterien „fressen“ die restlichen Schmutzteilchen.

Im Nachklärbecken sinkt der Schlamm mit den Bakterien zu Boden. Er wird dem Belüftungsbecken zugeführt.

Nun ist das Wasser so sauber, dass es wieder in Seen oder Flüsse eingelassen werden kann.

… beim Experimentieren kooperativ und sorgsam arbeiten, Vermutungen prüfen, diskutieren, Erkenntnisse auf Alltagssituationen übertragen

AH S.52

S.16

Wasser bei uns und anderswo

WASSER INFORMATIONEN

Wasser auf der Erde

Die Erde ist zu zwei Dritteln mit Wasser bedeckt. Diese Wassermenge vermehrt sich nicht.

Salzwasser und Süßwasser auf der Erde

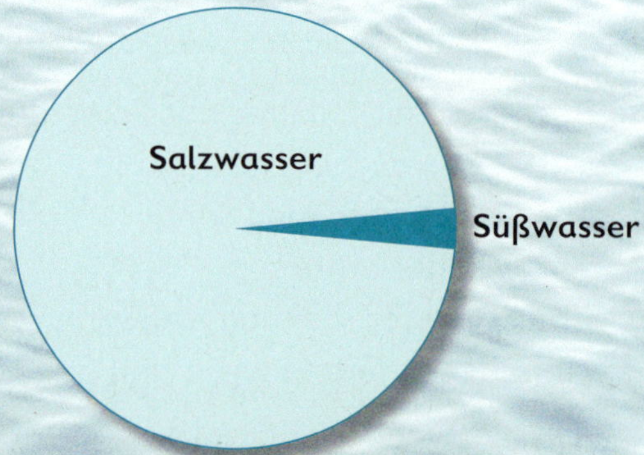

Das meiste Wasser ist Salzwasser. Aber als Trinkwasser können wir nur Süßwasser nutzen.

1 Sprecht über folgende Bilder und Texte. Findet Überschriften.

Wasserverbrauch für eine Person am Tag in einzelnen Ländern der Erde (2007)

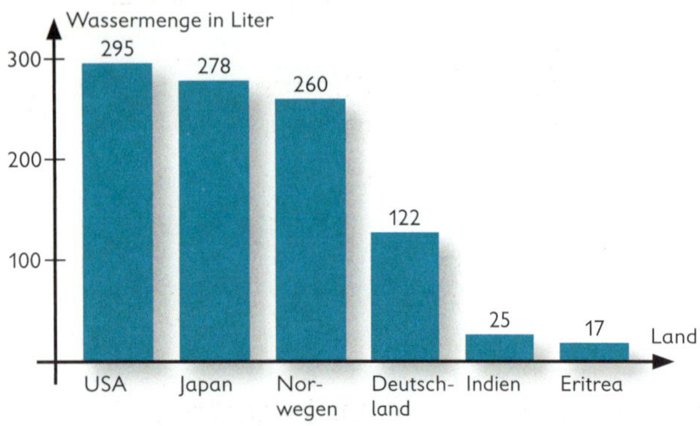

Haushalte in reichen Ländern der Welt sind an ein Wasserversorgungs- und Entsorgungsnetz angeschlossen. Sie verbrauchen bis zehnmal so viel Wasser wie Haushalte in armen Ländern. Laut Aussage der Vereinten Nationen braucht eine Person täglich 50 Liter Wasser: zum Trinken, zum Kochen und für den hygienischen Bedarf. Nur so kann sie die eigene Leistungsfähigkeit erhalten und Krankheiten vermeiden.

In Deutschland sind alle Haushalte mit sauberem Trinkwasser versorgt. Das Wassernetz umfasst 450 000 km Leitungen. Etwa 6 700 Unternehmen gewinnen Wasser aus Grund-, Quell- und Oberflächenwasser, bereiten es auf, speichern und verteilen es. Wie viel wertvolle Mineralstoffe und Salze Wasser enthält, hängt davon ab, wo und wie man es gewinnt. Trinkwasser wird streng auf Schadstoffe kontrolliert.

Wasser als Ressource beschreiben: knapper werdende Wasservorräte, erschwerter Zugang zu sauberem Trinkwasser in großen Teilen der Erde

S. 7

Süßwasser auf der Erde

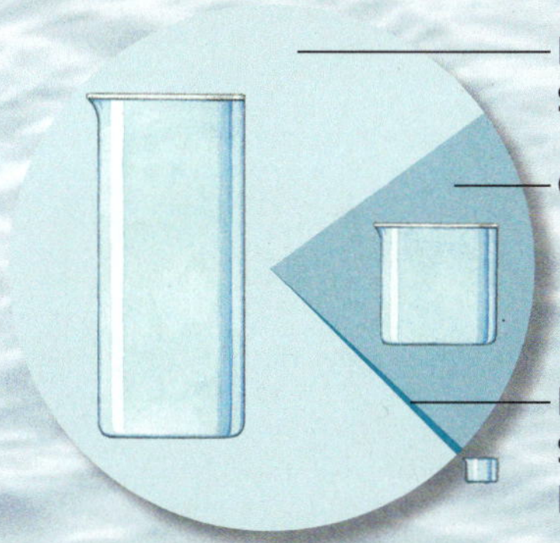

Den größten Anteil bilden Gletscher und Grundwasser. Das Süßwasser könnte für alle Menschen reichen.

Trinkwasserversorgung in Afrika

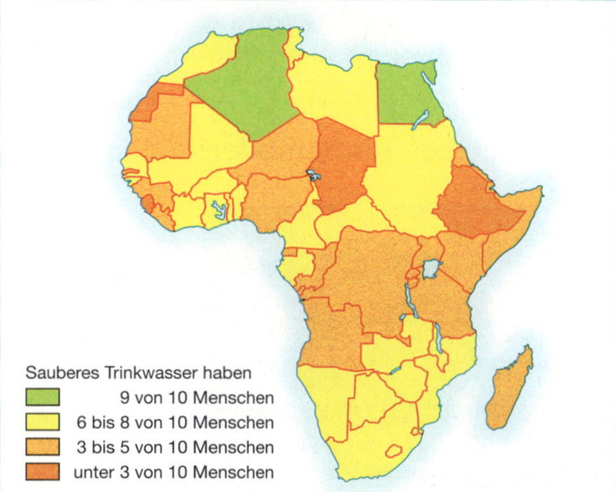

2 Fertigt zum Thema einen Wandfries an. Sucht oder malt Bilder und Texte.

Für das Mädchen Xetsa aus Benin ist Wasser etwas sehr Kostbares. In ihrem Dorf gibt es jetzt einen Brunnen.
Früher lief sie täglich fünf Kilometer zur Wasserstelle. Das braune Wasser roch faulig, oft wurde jemand krank. Nun erhält jeder zehn Liter klares Wasser am Tag.
Xetsa hat viel mehr Zeit, sie kann nun die Schule besuchen. Die Familien bauen Hirse und Gemüse an.
Niemand im Dorf muss mehr hungern.

Sinta, Dian, Iljo und Aini leben in Indonesien. Die Kinder stochern oft in dem stinkenden Abwasser, das in offenen Kanälen durch ihre Armensiedlung fließt. Da schwimmt Bonbonpapier, ein Hühnerknochen und sogar Kot. Manche Kinder lachen, aber es ist ernst: Nur 8 von 450 Städten im Land haben eine zentrale Abwasserreinigung. Die Weltgesundheitsorganisation schätzt: Weltweit stirbt alle 20 Sekunden ein Kind, weil es schmutziges Wasser getrunken hat und krank wurde.

Trinkwasser aus Talsperren

In Thüringen erhalten fast alle Einwohner sauberes Trinkwasser. Meist wird in der Nähe vieler Orte aus Tiefbrunnen Grundwasser gewonnen. Fernwasserversorger bereiten aber auch Oberflächenwasser aus Talsperren auf und geben es an Orte weiter. Wenig Wasser wird auch aus Quellen, Bächen oder Stollen entnommen.

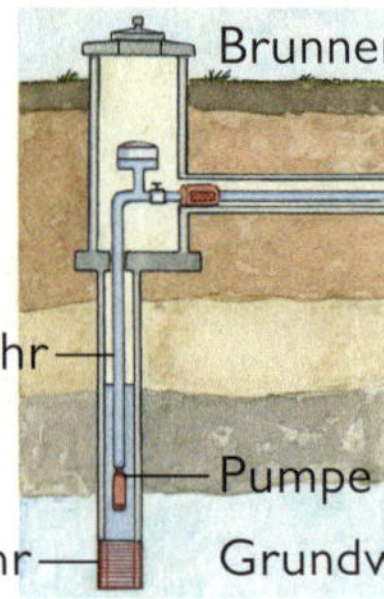

Grundwasser wird in Tiefbrunnen gesammelt und später von den örtlichen Wasserversorgern zu Trinkwasser aufbereitet.

Wasserversorgung in Thüringen

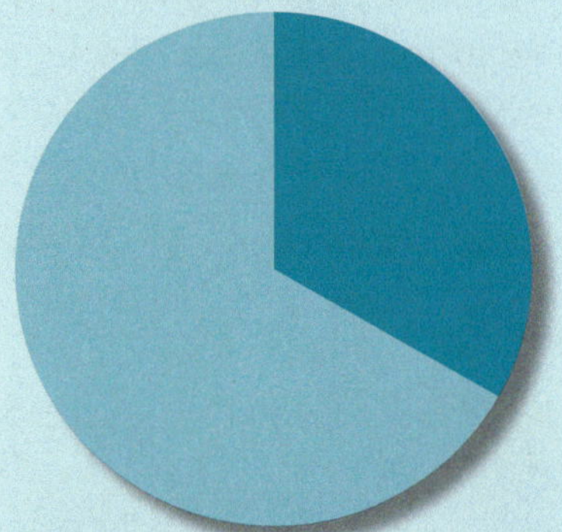

Legende
- Grundwasser
- Oberflächenwasser aus Talsperren

In Flusstälern lässt sich Wasser am besten stauen. Ihre seitlichen Hänge grenzen den Stauraum ab. Trinkwassertalsperren sind Wasserschutzgebiete. Hier gelten besondere Ge- und Verbote.

Am kleinen Fluss Lichte wurde im Jahr 2005 die Talsperre Leibis-Lichte errichtet. Sie schützt vor Hochwasser und wird 400 000 Einwohner in Ostthüringen mit Trinkwasser versorgen. Die 369 m lange Talsperre ist begehbar und mit 102,5 m die zweithöchste in Deutschland. Sie besteht aus 1090 unterschiedlich großen Betonblöcken. Das Dorf Leibis wurde sorgfältig abgetragen, der Standort liegt jetzt 90 m unter dem Wasser. Über drei Tunnel und ein Verbindungsbauwerk wird Wasser zur Talsperre geleitet oder zur Trinkwasseraufbereitung abgeleitet. Das Gebiet wurde zu einem Wander- und Urlaubsgebiet umgestaltet.

1 Informiere dich über Regeln in Trinkwasserschutzgebieten.

★ Informiere dich über eine Talsperre in der Nähe. Welchem Zweck dient sie?

Wasser als Ressource und Talsperren als Wasserreservoir beschreiben; Regeln des Trink- und Gewässerschutzes einhalten

S. 7

In den Ferien forschen

Wer die Natur genau beobachtet, kann von ihr lernen.
Wie bewegt sich ein Vogel, wenn er fliegt?
Warum trägt ein dünner Spinnenfaden eine dicke Spinne?
Warum bleibt eine Klette am Pullover hängen?
Wie können Lebewesen in der Tiefsee überleben?

Die Wissenschaft Bionik – **Bio**logie + Tech**nik** – will „Erfindungen der belebten Natur" in der Technik umsetzen.

Große Klette

Der Schweizer Ingenieur Georges de Mestral fand nach Waldspaziergängen oft Kletten im Fell seines Hundes. Das machte ihn neugierig. Er untersuchte die Kletten und fand heraus, dass Klettenborsten winzige elastische Häkchen haben. So kam ihm die Idee, zwei Stoffe auf Klettenart zu verbinden. 10 Jahre tüftelte er. Schließlich fand er die Lösung und meldete 1951 das Patent dafür an. 1959 wurde der erste Klettverschluss hergestellt. Heute verschließen wir mit diesem praktischen Verschluss Schuhe, Taschen, Kleidung und vieles mehr.

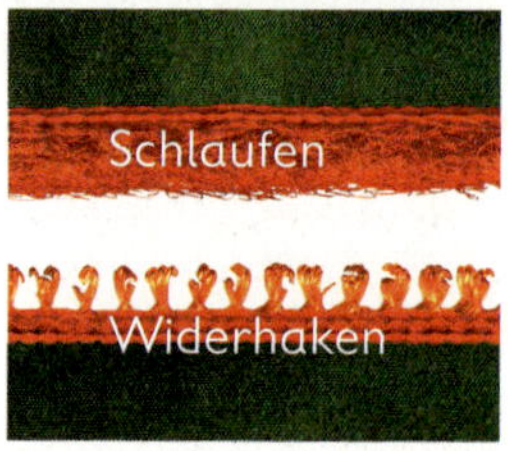

1 Betrachte eine Klette mit der Lupe. Zeichne sie.

2 Begründe, warum die Pflanze Kletten ausbildet.

Der Oberschenkelknochen ist ein Röhrenknochen – außen die dichte Knochenschicht, innen lockere Knochenbälkchen: eine stabile Leichtbauweise.

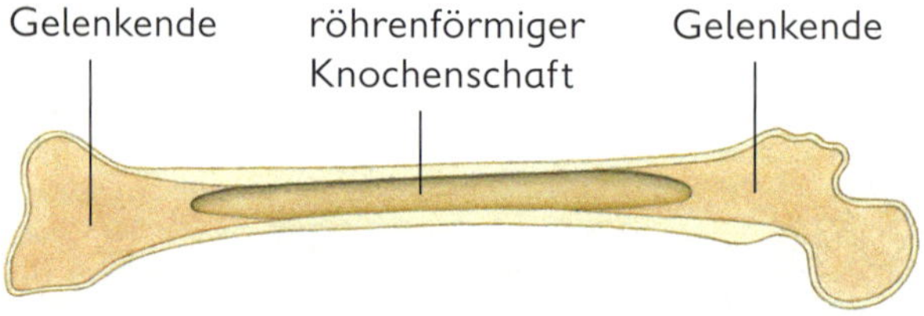

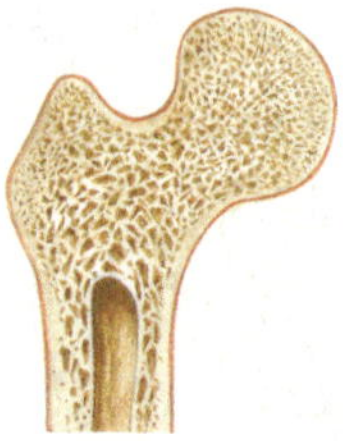

★ Baue ein Objekt nach, das durch eine Leichtbauweise stabil ist.

★ Erforsche:
- Wofür war ein Spinnennetz Vorbild?
- Wofür wäre künstliche Spinnenseide nützlich?

★ Gebt Wassertropfen auf Blätter von Pflanzen, wie: Kapuzinerkresse, Tulpe, Weißkohl, Wicke. Beobachtet und vermutet: Für welche Erfindung könnte man die Beobachtung nutzen?

Bildquellen

5 Collage unter Verwendung von Schülerarbeiten der Stephan-Lochner-Schule Köln; Fotos: Barbara Sengelhoff, Köln; **6** Schulmuseum Reckan (1); ullstein bild, Berlin (2); **7** Keystone, Hamburg/Klaus Rose (1); Rainer J. Fischer (2); **13** Helga Golz, Zühlsdorf (1); Brigitte Umkehr, Kürnach (2); Dr. Reiner Thiele, Brennberg (3); **17** picture-alliance/OKAPIA/J-L. Klein & M-L. Hubert; **18** picture-alliance/OKAPIA/Hans Reinhard (1); Harald Lange NaturBild, Bad Lausick (2); Peter Wirtz, Dormagen (3); **19** Juniors (1); Harald Lange NaturBild, Bad Lausick (2, 4); IFA-Bilderteam, München/Elfner (3); **20** Cornelsen Verlagsarchiv; **21** Harald Lange NaturBild, Bad Lausick (1); Wikipedia/GNU/U Hon Kahn (2, 3); **22** Arco Images/NPL (1); Shutterstock/Andrey Burmakin (2); Wikipedia/Olaf Leillinger (3); **23** picture-alliance/KPA/Gerken & Ernst (1); picture-alliance/OKAPIA/RainerErl (2); **26** Günter Rieger, Karve; **29** picture-alliance/dpaZB/Peter Endig; **30** Tobias Schneider, Berlin (1); akg-images, Berlin (2); Archiv für Kunst und Geschichte, Berlin (3); Cornelsen Verlagsarchiv (4); privat (5); **31** Cover: Erich Kästner: Emil und die Detektive. C. Dressler Verlag, Hamburg/© Atrium Verlag, Zürich (1); Cornelsen Verlagsarchiv (2); Bildart Volker Döring, Hohen Neuendorf (3); Reinhard Dressler, Ochsenfurt (4); **32** Wikipedia/GNU (1); Hartmut Kulick, Hildesheim (2); Mit freundlicher Genehmigung der „Vogel Business Media, Würzburg“ (3, 4); akg-images, Berlin (5); **33** Julia Dold, Neu-Isenburg; **34** picture-alliance/dpa-Report/Michael Reichel (1); picture-alliance/dpa/Martin Schutt (2); picture-alliance/dpa-Themendienst/Jens Schierenbeck (3); **35** picture-alliance/dpa/Settnick (1); picture-alliance/dpa-Bildarchiv (2); Pressedienst Paul Glaser, Berlin (3); www.Kuppelkucker.de © Deutscher Bundestag, Berlin (4); **36** Cornelsen Verlagsarchiv (Piktogramm); picture-alliance/dpa/epa AFP archiv (2); Caro Fotoagentur/Stefan Trappe, Berlin (3); **37** Cornelsen Verlagsarchiv (Piktogramm); Wolfgang Gressmann (2); laif, Köln (3); Geert van Kesteren/Agentur Focus, Hamburg (4); **39** mauritius images/Harald Schön; **41** Mauritius Bildagentur, Frankfurt/Oechslein (1); visum/Jörg Müller (2); Shutterstock/Stockr (3); Fotolia/digitalstock (4); **42** Cornelsen Verlagsarchiv; **43** akg-images, Berlin (1); Rainer Weisflog (2); **44** Andy Goldsworthy, Cameron Books, London (1); Rainer J. Fischer, Berlin (2); **45** Gerhard Medoch, Berlin; **46** Saskia Klemm, Berlin; **48** Plakat: Deutsche Krebshilfe e.V., Bonn; **50** Cornelsen Verlagsarchiv; **51** Peter Wirtz, Dormagen; **54/55** „Foto Lennarty Nilsson/Bonnier Alba AB, SO KAMST DU AUF DIE WELT. Mosaik-Verlag“, Stockholm; **56** A1PIX/OPN; **58** Marek Lange, Berlin; **60** Berliner Feuerwehr/Pressestelle (1, 2); Caro Foto agentur/Andreas Teich (3); Alien65/Wikipedia.de (4); Arbeitersamariterbund, Bonn (5); **62** Cornelsen Verlagsarchiv; **63** transit, Leipzig/Feldhoff & Martin; **66** picture-alliance/ZB-Fotoreport/Martin Schutt (1); VISUM, Hamburg/Sven Döring (2); Cornelsen Verlagsarchiv (3); **67** picture-alliance/dpa-Bildarchiv (1); Shutterstock/Dominik Michalek (2); picture-alliance/dpa-Bildarchiv/Martin Schutt (3); **68** transit, Leipzig/Thomas Härtrich (1); Henry Czauderna/Fotolia.com (2); **69** transit, Leipzig/Christoph Busse (1); Glasmuseum Lauscha (2); Cornelsen Verlagsarchiv (3); **70** Naturpark Kyffhäuser, Rottleben (1); picture alliance/Bildarchiv Monheim/Schütze/Rodemann (2); © Bild-Kunst Bonn, 2005 (3); **71** akg-images/Bildarchiv Monheim (1); Karl-Heinz Herrmann, Kyffhäuser Nachrichten, Sondershausen (2); **73** picture-alliance/ZB-Fotoreport/Christoph Busse (1); Deutsche Bahn AG/Barteld Redaktion & Verlag (2); Das Fotoarchiv, Essen/Cornelius Paas (3); **75** Ernst-Abbe-Stiftung, Optisches Museum Jena (1); picture-alliance/dpa-Zentralbild/Ralf Hirschberger (2); Umformtechnik, Erfurt/Müller Weingarten (3); Achim Duwentäster/teamwork (4); **77** images.de/Gerhard Leber; **78** CARO, Berlin/Göttlicher (1.); picture-alliance/OKAPIA KG/Werner Otto (2); onkelhotte/Fotolia.com (3); **79** http://www.wasungen.de/content/karneval.php (1); WILDLIFE/Usher (2); **80** Cornelsen Verlagsarchiv (1, 2); **81** Collage: Rainer J. Fischer, Berlin (1); direct-foto, Gießen/Ute Voigt (2); Hans Reinhard (3); zefa, Hamburg; (4); **82** Nationalpark Hainich, Bad Langensalza (1); scarlet61/Fotolia.com (2); www.radroutenplaner.thueringen.de (3); Andreas Vitting/mauritius images (4); picture-alliance/ZB/euroluft-bild.de/Grahn (5); ullstein bild/imagebroker.net/Werner Otto (6); ASonne30/Fotolia.com (7); **86** Jürgen Junker-Rösch (1); Cornelsen Verlagsarchiv (2–6); **87** Peter Wirtz, Dormagen (1–4); Cornelsen Verlagsarchiv (5); Marek Lange, Berlin (6); Peter Wirtz, Dormagen (7–8); **88** Barbara Wilhelm, Berlin (1–4, 6); www.radarforum.de (5); Cornelsen Verlagsarchiv (7–14); **89** Peter Wirtz, Dormagen; **91** Shutterstock/Pavel Vakhrushev (1); Cornelsen Verlagsarchiv/Corel Library (2); Tobias Schneider, Berlin (3); Klaus Fischer, Berlin (4); **92** Shutterstock/Andrey Burmakin; **93** akg-images/Jan Meyer (1); Shutterstock/Paul Matthew Photography (2); picture-alliance/ZB-Fotoreport/Pleul (3); **94** Cornelsen Verlagsarchiv; **95** picture alliance/OKAPIA KG/Birke; Collage Gerhard Medoch, Berlin; **98** Cornelsen Verlagsarchiv (1); Prenzel, Gröbenzell (2); R. Förster (3); Frank Krahmer (4, 5); **99** Stefan Wagner, Berlin (1); Christine M. Kaiser, Königslutter am Elm (2); Wikimedia/GNU/Frank Vincentz (3); Friedrich-Schiller-Universität Jena (4); **100** Ulrich Gard, Hermeskeil (1); ZB-Fotoreport/Kasper (2); Redeker, T (3); **101** picture-alliance/OKAPIA/Büttner/Naturbild; **102** vario-press, Bonn/Oed (1); f1online/Frankfurt am Main/Asperger (2); Blickwinkel, Witten/Blumenstein (3); argos, Hamburg/Labhardt (4); **103** Peter Wirtz, Dormagen (1); privat (2); **105** BildART Volker Döring, Hohen Neuendorf; **107** NASA; **108** ih-images/Clipdealer.com; **110** Farmpictures/Theo Haslbeck, Geiselköring (1); Sabine Koriath/pixelio.de (2); Kirsten Pauli, Berlin (3); **112** Cornelsen Verlagsarchiv; **113** picture-alliance/dpa-Fotoreport/Martin Schutt; **114** Deutsche Kindermedienstiftung „Goldener Spatz“, Erfurt; **116** Bureau Artistique, Dortmund (1); Marek Lange, Berlin (2); **117** ullstein-bild (1); Grundschule Nordholz (2); **119** picture-alliance/dpa-Zentralbild/Martin Schutt; **120** Berliner Wasserbetriebe; **121** Berliner Wasserbetriebe (1, 2); Freelens Pool/Kirsten Neumann (3); **122** BildART Volker Döring, Hohen Neuendorf (1); Berliner Wasserbetriebe (2, 3); Pixelio (4); **123** Berliner Wasserbetriebe (1, 2); artvertise, Gütersloh (3); **124/125** Cornelsen Verlagsarchiv; **124** Cornelsen Verlagsarchiv (1); Jürgen Junker-Rösch, Berlin (2); **125** Vereinigte Evangelische Mission, Wuppertal (Andreas Sprinz) (1); picture alliance/dpa/Christiane Oelrich (2); **126** Berliner Wasserbetriebe (1); picture-alliance/dpa-Report/Stefan Thomas (2); **127** Ruhr-Universität Bochum (1); Mario Hanschmann-Neubert, Berlin (2); Rainer Fischer, Berlin (3); Naturpark Saar-Hunsrück, Hermeskeil, www.naturpark.org (4)

Karten, wenn nicht anders ausgewiesen: Peter Kast, Ingenieurbüro für Kartografie, Wismar